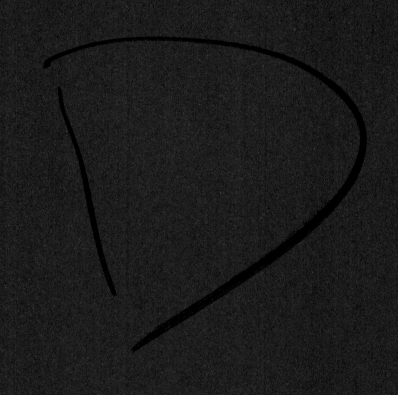

LOS MAESTROS DEL ARTE

VINCENT VAN GOGH

TEXTO
ENRICA CRISPINO

◆

ILUSTRACIONES
SIMONE BONI, FRANCESCA D'OTTAVI,
L. R. GALANTE, IVAN STALIO

DoGi

una producción
Donati Giudici Associati, Firenze
título original
Vincent Van Gogh
texto
Enrica Crispino
ilustraciones
S. Boni, F. D'Ottavi,
L. R. Galante,
Ivan Stalio
coordinación
para las coediciones
e investigación iconográfica
Caroline Godard
proyecto gráfico
Oliviero Ciriaci
dirección artística
Sebastiano Ranchetti
proyecto de las tablas ilustradas
Alessandro Rabatti
compaginación
Sebastiano Ranchetti
redacción
Enza Fontana

© 1996 DoGi s.r.l.
Firenze, Italia
Derechos en lengua castellana
© 1997 Ediciones Serres, S.L.
Primera edición en lengua castellana:
Ediciones Serres, S.L.
Muntaner, 391 / 08021 Barcelona

ISBN: 84-88061-78-1

traducción:
Juan Vivanco

fotocomposición:
Editor Service, S.L.

acabado de imprimir
en el mes de octubre de 1997

◆ CÓMO LEER ESTE LIBRO

Cada página doble es un capítulo que trata de un tema determinado, referente a la vida y el arte de Van Gogh o a los principales hechos del arte y la cultura de su tiempo. El texto superior, a la izquierda (1) y la ilustración grande del centro abordan el tema principal. El texto en cursiva (2) narra en orden cronológico la vida de Van Gogh. Los demás elementos de la página –fotografías, reproducciones de dibujos y otras obras de arte– completan el desarrollo del tema.

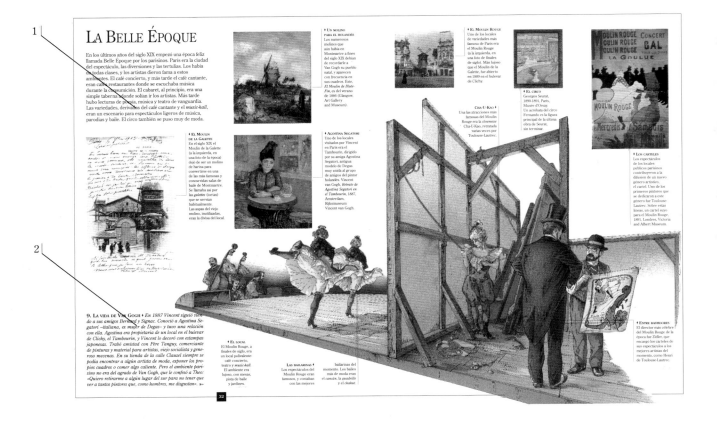

Hay otras páginas dedicadas a la interpretación de las principales obras de Van Gogh. En ellas se incluyen los siguientes elementos: una ficha histórica del cuadro (1); la descripción del contenido iconográfico de la obra (2); y el análisis crítico y formal de la obra y de sus detalles (3). Se completan estas páginas con obras de otros artistas que destacan el contexto histórico y la originalidad de las soluciones adoptadas por Van Gogh.

ÍNDICE

LOS PROTAGONISTAS

Vincent van Gogh tuvo una vida corta y atormentada. En su búsqueda de la serenidad y en sus relaciones con los demás se puede decir que su existencia fue un fracaso. Muy pocos de los que vivieron a su lado soportaron su carácter sombrío y sus excentricidades, incluyendo los que le querían y apreciaban, desde su hermano Theo hasta sus amigos artistas como Gauguin y Bernard. Sin embargo, hoy día Van Gogh es quizás el pintor más popular del mundo, los precios de sus cuadros son los más altos, las colas de visitantes de sus museos son las más largas. Sea como fuere, Van Gogh es uno de los principales artistas del final de siglo pasado y una gran figura innovadora, como atestigua la impresionante serie de obras maestras que nos ha dejado, desde la *Habitación de Arles* hasta la *Noche estrellada*. Una de sus principales contribuciones al arte actual fue que introdujo en la pintura una indagación sobre la expresión subjetiva, para representar las interioridades del individuo. Su trayectoria artística y humana enlaza con las formas más innovadoras y originales del arte de la segunda mitad del siglo XIX, del realismo al impresionismo, del divisionismo de Seurat al sintetismo de Gauguin, hasta las vanguardias del siglo XX dedicadas a la pintura expresionista, influida por Van Gogh.

♦ **JULIEN TANGUY**
(1825-1894)
Père Tanguy, como le llamaban sus amigos, era un comerciante de pinturas parisino muy amigo de los artistas de la generación de Van Gogh.

♦ **ÉMILE BERNARD**
(1868-1941)
Pintor y agudo teórico de arte, fue uno de los primeros en reconocer el talento de Van Gogh, y su fiel amigo.

CAMILLE PISSARRO ♦
(1830-1903)
Impresionista y luego divisionista, socialista, benefactor de los jóvenes talentos de la pintura francesa, él y su hijo Lucien trabaron amistad con Theo y Vincent. Pissarro fue quien le puso en contacto con el doctor Gachet.

♦ **JEAN-FRANÇOIS MILLET**
(1814-1875)
Maestro de la pintura realista francesa de mediados del siglo XIX, cantor de la vida campesina, posó para Van Gogh.

♦ **GEORGES SEURAT**
(1859-1891)
Teórico y abanderado del divisionismo que revolucionó la pintura francesa de fines del siglo XIX, fue uno de los nuevos maestros más apreciados por Van Gogh.

VINCENT VAN GOGH ♦
(1853-1890)
Su cara nos es bien conocida por sus numerosos autorretratos: pelirrojo, a menudo con barba corta, ojos vivaces y muy expresivos.

♦ **PAUL GAUGUIN**
(1848-1903)
Amigo de Vincent, gran innovador de la pintura de fines del siglo pasado, se fue a vivir a las islas de los mares del sur.

HENRI DE TOULOUSE-LAUTREC ♦
(1864-1901)
Noble, de aspecto contrahecho, era el pintor del París de la Belle Époque, de los locales nocturnos y de los espectáculos de variedades.

THEO ♦
(1857-1891)
El hermano predilecto de Vincent. Marchante de arte, casado y con un hijo al que puso el nombre de su hermano, trató de ayudar a Vincent por todos los medios. Fue el destinatario de la mayoría de las cartas de Van Gogh.

SIEN ♦
Clasina Maria Hoornik, llamada Sien, fue una prostituta de La Haya de la que Van Gogh se ocupó durante algún tiempo. Un experimento entre sentimental y evangélico que terminó al cabo de unos meses, entre otras cosas por la oposición de Theo.

♦ JOSEPH ROULIN
Cartero de Arles, anarquista alegre y campechano, amante del vino, fue uno de los pocos auténticos amigos de Vincent.

MARIE GINOUX ♦
Mujer de Joseph Ginoux, casero y propietario del café adonde solía ir Van Gogh en Arles, retratado en un famoso cuadro de Vincent.

LOS MINEROS ♦
Entre 1878 y 1880 Van Gogh vivió un largo periodo en la cuenca minera belga de Borinage. Allí predicó el Evangelio y trató de aliviar los sufrimientos de los mineros, compartiendo su vida llena de penurias.

SUS PADRES ♦
El padre de Van Gogh, Theodorus (1822-1885) era pastor protestante. Su madre, Ana Cornelia (1819-1907) era hija de un encuadernador de la corte de La Haya.

EL DOCTOR GACHET ♦
(1828-1909)
Paul-Ferdinand Gachet acogió varias veces a Van Gogh en su casa de Auvers, no lejos de París, y le atendió como médico en los últimos meses de su vida. Era amigo de artistas como Camille Pissarro y Paul Cézanne, y él mismo pintor aficionado.

GROOT ZUNDERT

A fines del siglo XIX el interior de Holanda aún está alejado de la inquietud cultural, el clima de tolerancia, el dinamismo y los intercambios que caracterizan desde hace siglos a las ciudades de la costa. En una de estas zonas, en la provincia agrícola holandesa beaturrona y opresiva, nació Vincent van Gogh, hijo y nieto de pastores protestantes. El ambiente familiar, el mismo que se respiraba en el pueblo, imprimió un fondo místico en el carácter del artista que le acompañó toda su vida, incluso cuando, desilusionado, se alejó de la Iglesia. Pero en la familia también había otra afición que en Van Gogh se convertiría en pasión: la pintura. Tres tíos suyos eran marchantes de arte, y un pariente de su madre, Anton Mauve, fue uno de los principales representantes de la escuela pictórica de La Haya.

mar del Norte

Leeuwarden
Groninga
HOLANDA
Zwolle
Amsterdam
Hengelo
Leiden · Utrecht
Rotterdam
Arnheim
Breda · BRABANTE
ALEMANIA
Groot Zundert · Tilburg · Eindhoven
Düsseldorf
Amberes
Gante
BÉLGICA
Colonia
Bruselas
Maastricht

♦ **BRABANTE**
En el siglo XIX Brabante era una región fronteriza, sobre todo agrícola, situada entre Holanda y Bélgica, habitada por católicos y protestantes. Holanda, que poco antes (1831) se había separado definitivamente de Bélgica, se dedicaba activamente a sus posesiones coloniales, sobre todo en Indonesia, y al desarrollo industrial.

LOS PADRES ♦ DE VINCENT
Hijo de un pastor protestante y también él pastor, Theodorus van Gogh se estableció en 1849 en la parroquia de Groot Zundert, y dos años después se casó con Ana Cornelia Carbentus. De su matrimonio nacieron seis hijos, pero el primero murió recién nacido.

♦ **LA IGLESIA DE NUENEN**
Nacido en la casa de la iglesia donde predicaba su padre, Van Gogh, en sus primeros cuadros, recurre con frecuencia al tema de la iglesia. En este caso se trata de la *Salida de los fieles de la iglesia de Nuenen* (enero de 1884, Amsterdam, Rijksmuseum Vincent van Gogh), dedicado a la localidad adonde se trasladó su padre en 1883.

♦ **LA IGLESIA**
La parroquia de la iglesia de Groot Zundert ocupaba una gran extensión, pero en esta zona, habitada sobre todo por católicos, el número de protestantes era bastante reducido.

♦ **ANTON MAUVE** (1838-1888)
Maestro del joven Vincent entre 1881 y 1882, y pariente lejano suyo, Mauve era uno de los principales representantes de la escuela de La Haya, el fenómeno artístico holandés más importante del siglo XIX. La escuela de La Haya estuvo influida por el realismo francés de la escuela de Barbizon, pero también fue continuadora de la gran tradición realista del siglo XVII holandés.
Anton Mauve, *Los recolectores de algas*, París, Musée d'Orsay.

♦ **A LOS 13 AÑOS**
En 1866, cuando se hizo esta foto, Vincent tenía trece años y estudiaba en Tilburg, cerca de Zundert. Dos años después interrumpió los estudios.

♦ **A LOS 18 AÑOS**
La foto es de 1871. Vincent llevaba dos años trabajando en una casa de arte de La Haya, ciudad donde pudo estudiar historia del arte, dibujar y visitar museos.

LA VIDA DE VAN GOGH

1. *Theodorus van Gogh, padre de Vincent, era el pastor protestante de Groot Zundert, pueblecito de Brabante situado a unos ochenta kilómetros de Breda, en el sur de Holanda. Su madre, Ana Cornelia Carbentus, era hija de un encuadernador de la corte de La Haya. El pequeño Vincent nació el 30 de marzo de 1853 en la casa adosada a la iglesia de Zundert, justo un año después de la muerte de otro hermanito suyo al que le habían puesto el mismo nombre. El 1 de mayo de 1857 nació su hermano Theodorus, llamado Theo, al que Vincent estuvo muy unido. Vincent fue a la escuela cerca de Zundert, pero pronto la situación económica de su familia le obligó a interrumpir sus estudios y a buscarse un trabajo.* ▰▸

LONDRES

Los setenta del siglo pasado fueron, para Gran Bretaña, años de gran expansión colonial en Egipto, Afganistán y Suráfrica, impulsada por el primer ministro Disraeli: los años en que la reina Victoria fue proclamada emperatriz de las Indias. El imperio colonial británico, respaldado por la Armada real, tenía una enorme extensión, y la nación seguía la senda de un desarrollo industrial que la situaba en la vanguardia mundial. La otra cara de la moneda eran los millones de asalariados que vivían en unas condiciones de enorme precariedad y degradación. En los barrios pobres de Londres se hacinaban cientos de miles de hombres, mujeres y niños desnutridos, en unas condiciones higiénicas espantosas: es el Londres que describe Charles Dickens en sus novelas. Los intelectuales demócratas y el clero empezaron a interesarse por su suerte, y Van Gogh, sobre todo hacia el final de su estancia en Inglaterra, se relacionó con estas organizaciones.

♦ **LONDRES Y SUS ALREDEDORES**
En las últimas décadas del siglo XIX, Gran Bretaña era la potencia europea que había formado el imperio colonial más extenso.

Gran Bretaña
Posesiones británicas

♦ **LA REINA VICTORIA**
(1819-1901)
Nieta de Guillermo IV, Victoria le sucedió en el trono británico en 1837 y reinó hasta su muerte, a principios de este siglo. De carácter fuerte y decidido, marcó con su sello personal de rigor y austeridad un largo periodo de la historia inglesa, conocida como era victoriana (Edward M. Ward, *Retrato de la reina Victoria*, Nueva York, Forbes Magazine Collection).

MEDIOS ♦ DE TRANSPORTE
En el Londres de final de siglo, el transporte de mercancías aún se hacía con carros tirados por caballos, mientras que para el de personas ya existían tranvías eléctricos. El automóvil tardó en difundirse, entre otras cosas porque las leyes inglesas prohibían circular a más de seis kilómetros por hora.

♦ **LOS TRABAJADORES**
Las condiciones
de vida de los
trabajadores eran muy
duras. Los sindicatos
organizaban frecuentes
huelgas para lograr
horarios de trabajo
más humanos.

♦ **LA MISERIA**
Londres era el espejo de
las condiciones en que
vivía el país: en la ciudad
más rica del mundo,
miles de personas
estaban desnutridas y se
hacinaban en viviendas
insalubres.

♦ **DESDE INGLATERRA**
Las cartas a Theo
son una mina de
información sobre la
vida de Vincent. Este
apunte que ilustra una
carta de abril de 1876
(Amsterdam,
Rijksmuseum Vincent
van Gogh), muestra
un rincón de la
pequeña ciudad de
Ramsgate, donde se
había trasladado Van
Gogh temporalmente.

♦ **EN EL REINO
DEL MISTERIO**
Entre el verano y el
principio del invierno
de 1888, Londres
se vio sobrecogida
por una serie de
misteriosos
asesinatos, algunos
de ellos anunciados
por su autor en cartas
a los periódicos.
En total, seis fueron
las víctimas de Jack
el Destripador. De los
sucesos a la literatura:
a partir de 1887, el
escritor Arthur Conan
Doyle hace que el rey
de los investigadores,
Sherlock Holmes,
resuelva intrigantes
misterios.

2. LA VIDA DE VAN GOGH ♦ *Su tío Vincent, marchante de arte, logró que en el verano de 1869 su sobrino y tocayo entrara a trabajar en la filial de La Haya de la casa de arte parisina Goupil. Sus primeros informes laborales lo retratan como un empleado modelo. En 1873 su hermano Theo también entra en la Goupil, pero en la filial de Bruselas. Ese año Vincent pasó por primera vez unos días en París, y luego fue trasladado a la filial de Londres. Mientras tanto, con la experiencia, maduró su interés por el arte. Gracias a su trabajo en la casa Goupil, Van Gogh profundizó sus conocimientos artísticos. En Londres, Vincent permaneció unos dos años, dando largos paseos y realizando apuntes de la ciudad. En agosto se marchó de su primer alojamiento, demasiado caro, y se fue a la pensión de la señora Loyer, viuda de un pastor. Enseguida se enamoró de su hija, Eugénie, que ya estaba prometida. Vincent, sin querer resignarse, trató de distraerse dibujando, visitando museos o leyendo, pero descuidó su trabajo.* ➥

EL REALISMO

En Francia, entre 1830 y 1860, el realismo irrumpe en la literatura y en la pintura. Para este nuevo movimiento la realidad diaria es el contenido de la obra de arte. Más o menos al mismo tiempo nacen las ideas socialistas y el positivismo. Este último es una actitud filosófica y cultural de confianza en el progreso de la ciencia, acompañada de innovaciones tecnológicas y avances de la medicina. En pintura, el realismo se rebela contra las academias, contra la pintura de contenido mitológico e histórico, a favor de un contacto directo con la naturaleza, como en el caso de la escuela de Barbizon, y con el pueblo, como propugnan Courbet y Millet. La gente corriente, la sencillez cotidiana de un bosque, pasan a ser protagonistas del arte, para escándalo y alarma de los defensores de la tradición. Van Gogh no duda ni un momento a qué carta quedarse: sus protagonistas son los campesinos, su pintor Millet.

♦ ÉMILE ZOLA Y EL NATURALISMO
Los protagonistas de las novelas de Zola (1840-1902) pertenecen a las clases más humildes, dedicados a sus ocupaciones diarias. El escritor francés, que aquí aparece retratado por Édouard Manet (detalle, 1868, París, Musée d'Orsay), fue el padre del naturalismo, corriente literaria que pretendía describir la realidad de forma rigurosa y objetiva.

♦ EL CUADRO DEL ESCÁNDALO
Gustave Courbet (1819-1877), fue un exponente destacado del movimiento realista. Eliminó cualquier residuo romántico, en pro de un arte explícitamente social. Su *Entierro en Ornans* (1849-1850, París, Musée d'Orsay) provocó un escándalo en el Salón de 1850-51.

EL TRABAJO ♦
La vida de los campesinos, el trabajo en el campo, las penalidades del proletariado urbano son la verdadera novedad del realismo francés del siglo XIX, y los temas que más impresionaron a Van Gogh.
1. Honoré Daumier, *La lavandera* (1860, París, Musée d'Orsay);
2. Jean-François Millet, *Las espigadoras* (1857, París, Musée d'Orsay);
3. Jules Breton, *El regreso de las espigadoras*, detalle (1859, París, Musée d'Orsay).

EL BOSQUE ♦
A partir de los años treinta del siglo XIX, un grupo de paisajistas se instaló en el pueblo de Barbizon, cerca de Fontainebleau. El bosque, los árboles, la naturaleza, fueron los temas preferidos de Théodore Rousseau, Charles Daubigny y Jean-François Millet.
1. 2. 3. Gustave Courbet, *El roble de Vercingetórix*, detalles y total (1864, Filadelfia, Pennsylvania Academy of Fine Arts); 4. Théodore Rousseau, *El bosque de Fontainebleau, efecto matutino* (1850, Londres, Wallace Collection); 5. Jean-François Millet, *La primavera* (1868-1873, París, Musée d'Orsay).

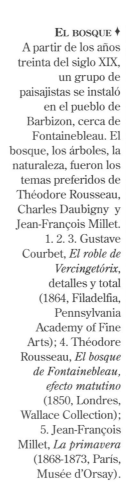

LOS ANIMALES ♦
Los pintores realistas, desde los de la escuela de Barbizon hasta Courbet, rechazan el culto romántico a lo pintoresco y se interesan por todo lo que forma parte de la naturaleza, incluyendo los animales.
1. Constant Troyon, *El pointer* (1860, Boston, Museum of Fine Arts); 2. Gustave Courbet, *La época del celo en primavera* (1861, París, Musée d'Orsay).

2

3

3

4

5

2

3. LA VIDA DE VAN GOGH ✦ *En una carta a Theo de enero de 1874 Vincent hace una lista de sus pintores preferidos. En ella aparecen 56 nombres, entre los que destacan Millet, Rousseau, Breton, Troyon y Mauve, todos ellos seguidores del realismo. En 1875, Van Gogh es trasladado a la sede central de Goupil en París, pero una vez más descuida el trabajo con los clientes para visitar museos y leer, sobre todo la Biblia. El 1 de abril de 1876 se despide, y al poco tiempo lo encontramos en Londres, primero en Ramsgate y luego en el suburbio obrero de Isleworth, como ayudante de un pastor, el reverendo Jones. En diciembre visita a sus padres, que mientras tanto se han trasladado al pueblo de Etten, cerca de Breda. En los primeros meses de 1877 trabaja como dependiente en una librería de Dordrecht, pero en mayo viaja a Amsterdam para estudiar teología en la universidad.* ➤•

LA MINA

En la segunda mitad del siglo XIX Bélgica, junto con Inglaterra, era uno de los mayores productores de carbón del mundo. Las minas eran su riqueza, gracias al progreso técnico que en apenas un siglo hizo posible una explotación más intensiva. Algunas innovaciones, como los vagones con ruedas sobre rieles para transportar el carbón por las galerías, y los montacargas de vapor para subirlo a la superficie, mejoraron las condiciones de trabajo en las minas, aunque siguieron siendo muy duras. Cuando Van Gogh llegó a Borinage, en Bélgica, movido por un espíritu evangélico y social que le llevó a compartir la vida terrible de los mineros, éstos –a menudo mujeres y niños– estaban sometidos a ritmos de trabajo agotadores, con salarios de hambre, y vivían en poblados de chozas.

♦ LOS MINEROS
En el periodo de Borinage, la difícil vida de los mineros fue el tema casi exclusivo de los dibujos y cuadros de Van Gogh. Izquierda: *El regreso de los mineros*, 1880, Otterlo, Rijksmuseum Kröller-Müller.

♦ EL CARBONERO
Este dibujo ilustra una carta a Theo de noviembre de 1878 (Amsterdam, Rijksmuseum Vincent van Gogh).

LAS LÁMPARAS ♦
Para evitar que el grisú, al ponerse en contacto con la llama de las antorchas y velas, provocara una peligrosa explosión, los mineros llevaban unas lámparas especiales con la llama protegida del aire.

♦ **EN LAS GALERÍAS**
En las galerías más estrechas e inclinadas el minero camina a cuatro patas para no resbalar, trabaja de rodillas o tumbado de espaldas, en condiciones muy perjudiciales para su organismo y su salud.

♦ **EL TRABAJO MANUAL**
Aunque a lo largo del siglo XIX se introdujeron máquinas para aumentar la productividad de las minas, el trabajo más importante, el de arrancar carbón en las galerías, se seguía haciendo a mano.

♦ **VENTILADORES PARA EL GRISÚ**
El grisú es una mezcla de gases inflamables que a menudo provoca explosiones en las minas. Más ligero que el aire, tiende a concentrarse en la parte superior de las galerías. Se dispersa con ventiladores.

♦ **EN LA SUPERFICIE**
El trabajo en la superficie suele estar reservado a las mujeres y los niños, una mano de obra sin especializar y muy mal pagada.

♦ **LAS VAGONETAS**
Las galerías están recorridas por rieles, por los que ruedan las vagonetas cargadas de carbón.

♦ **DESCENSO AL SUBSUELO**
A medida que bajan por las galerías, los mineros están rodeados de una oscuridad más profunda, rota por la luz mortecina de las lámparas de aceite y de benceno.

♦ **EN LO MÁS PROFUNDO**
A partir de 200 metros de profundidad, el calor obliga a los mineros a trabajar medio desnudos.

UN PALEADOR ♦
Incluso después de marcharse de Borinage, Van Gogh siguió interesándose por los trabajos más humildes, como refleja este dibujo sobre *El descanso del paleador* (1882, colección privada).

4. LA VIDA DE VAN GOGH ♦ *En 1878, con la intención de hacerse predicador, se matriculó en una escuela de evangelización de los alrededores de Bruselas. Después del primer trimestre no le consideraron apto para proseguir los estudios, y le propusieron dedicarse a la evangelización en Borinage, cuenca minera del sur de Bélgica. Después de obtener el título provisional de predicador laico se dedicó a evangelizar, a atender a los pobres –les daba todas sus pertenencias– y a cuidar a los enfermos, primero en Paturages y luego en Wasmes y en Cuesmes. Con una actitud dictada por su carácter impetuoso y generoso, Vincent rompió las barreras entre el ideal y la vida, identificándose por completo con el objeto de su interés; llegó a vivir en una cabaña y a dormir en el suelo. Mientras tanto, dibujaba sin descanso. Pero tanta dedicación fue vista con recelo por las autoridades religiosas, que le retiraron el título. En 1880 se estableció en Bruselas, donde trabó amistad con el pintor Anton van Rappard. Mientras tanto, Theo empezó a enviarle algo de dinero.* ➨

♦ LA LÁMPARA
*Los comedores
de patatas*, detalle.
La luz de una lámpara
crea una atmósfera
de intimidad
alrededor de la
pobre mesa de
los campesinos.

♦ LA OBRA
*Los comedores
de patatas*, 1885,
óleo sobre lienzo,
81,5 x 114,5 cm,
Amsterdam,
Rijksmuseum
Vincent van Gogh.
En la tela se lee la
firma del artista.
Este cuadro, pintado
por Vincent en abril-
mayo de 1885 en
Nuenen –adonde se
habían trasladado los
Van Gogh–, es la
versión definitiva de
un tema que ya había
abordado en dibujos
y pinturas, y después
en una litografía.
En diciembre de
1884, el artista
empezó a hacer
retratos de
campesinos para
una composición de
grupo en un interior.
En varias cartas a
Theo cuenta cómo
se gestó el cuadro:
«Estoy dedicado
por completo a
pintar cabezas.
Pinto durante el día,
y por la noche dibujo.
De este modo ya he
pintado por lo menos
treinta veces, y otras
tantas he dibujado
[...] también de
noche a la luz de
la lámpara, en
las casas de los
campesinos, hasta
que me cuesta
distinguir los colores
en la paleta, y esto
para entender en la
medida de lo posible
los especiales efectos
de la iluminación
nocturna, como, por
ejemplo, una gran
mancha de sombra
en la pared».

LOS COMEDORES DE PATATAS

El cuadro es uno de los muchos trabajos
inspirados en el ambiente campesino que pintó
Van Gogh en el periodo de Nuenen. En este caso
se trata de una escena sencilla de vida familiar:
en el marco de una casa pobre de madera,
cinco personas se sientan a la mesa para cenar.
Iluminados por la débil luz de una lámpara,
mientras unos comen patatas de un plato,
un viejo campesino bebe y una vieja sirve café.

♦ CINCO CAMPESINOS
Van Gogh vuelve
al tema de
*Los comedores de
patatas* en 1890, en

Saint-Rémy, donde
hizo este dibujo
(Amsterdam,
Rijksmuseum
Vincent van Gogh).

Los comedores de
patatas *es la primera
obra maestra de
Van Gogh, y constituye
una clara manifestación
de su búsqueda
expresiva: la pintura
debe preocuparse de
retratar las expresiones,
hacer que salgan
los estados de ánimo,
más que buscar una
representación
minuciosa de las formas.
Van Gogh se aleja así
de la tradición pictórica*
*holandesa, basada
precisamente en la
exactitud de los detalles.
Sintoniza más bien con
el realismo social del
siglo XIX, sobre todo
con el francés, aunque en
Holanda tampoco faltan
ejemplos del mismo,
como Jozef Israëls.
Van Gogh, sin embargo,
no tiene una actitud
pietista, y aborda con
rudeza y sinceridad las
realidades humanas de
los temas representados.*

♦ LA LITOGRAFÍA
En abril de 1885,
Van Gogh también
realizó una litografía

de *Los comedores de
patatas* (Amsterdam,
Rijksmuseum
Vincent van Gogh).

♦ **Cosas pobres**
Los comedores de patatas, detalles. El interés de Van Gogh por la gente humilde y por situar sus afanes diarios en el centro de la indagación artística, recuerdan los temas y las posiciones que en esos mismos años encontramos en las novelas de Zola, su escritor preferido junto con Dickens.

♦ **Los modelos**
En Nuenen, Van Gogh eligió modelos entre la gente del lugar. Algunos se hicieron amigos suyos y dejaron que les retrataran varias veces. Sin embargo, en septiembre de 1885 se corrió la voz de que el pintor era el padre del niño que esperaba una joven aldeana, Gordina de Groot. El artista tuvo que marcharse de Nuenen. *Cabeza de campesina*, 1885, Amsterdam, Rijksmuseum Vincent van Gogh.

♦ **La campesina**
Los comedores de patatas, detalle. En una carta a Theo de abril de 1885, Vincent habla de los delicados tonos de color que el viento y el sol pintan en los vestidos de las aldeanas. En realidad, en las obras de este periodo los colores son más bien oscuros y terrosos.

El trabajo ♦
Van Gogh, huyendo de la idealización, retrata a los campesinos al natural. *Campesina con azada*, agosto de 1885. Birmingham, Barber Institute of Fine Arts.

Jozef Israëls ♦
(1824-1911) Fue uno de los pintores más famosos de La Haya en la segunda mitad del siglo XIX. A diferencia de su conciudadano Anton Mauve, Israëls prefiere los temas urbanos y las escenas familiares, y retrata a la gente del pueblo con cierta tendencia al patetismo. Jozef Israëls, *Interior de choza*, detalle, 1890, Paris, Musée d'Orsay.

AMBERES

En la segunda mitad del siglo XIX Bélgica, después de obtener en 1831 la independencia de Holanda, era una nación próspera y activa, pese a la fuerte rivalidad entre los grupos lingüísticos flamenco y valón. Los pilares de su economía eran las minas de carbón, una acertada industrialización y las riquezas de las colonias. El centro de este sistema de producción e intercambios era el puerto de Amberes, gran ciudad flamenca a orillas del Escalda, a pocos kilómetros del mar del Norte. Al puerto de Amberes llegaban mercancías de todo el mundo, tanto de América como de Asia. Era una ciudad cosmopolita en la que circulaban informaciones e ideas culturales exóticas, como las del arte japonés. Sin embargo, la Amberes del siglo XIX ya no tenía la importancia cultural del siglo XVII, cuando vivió en ella el pintor más importante del barroco flamenco, Pedro Pablo Rubens.

✦ EL JAPÓN
DE VAN GOGH
En Amberes
Van Gogh conoció
las obras de arte
japonés, que llegaron
a este gran puerto
junto con las
mercancías
procedentes de
todos los rincones
del mundo. En París
tuvo ocasión de
conocer mejor este
arte oriental, y colocó
algunas estampas
japonesas en el
fondo de su *Retrato
de Père Tanguy*
(otoño de 1887,
París, Musée Rodin).

✦ EL JAPÓN
DE MANET
Uno de los primeros
pintores que se
interesaron por el
arte japonés fue
el impresionista
Édouard Manet,
que en su *Retrato
de Émile Zola* (1868,
París, Musée d'Orsay)
colocó en el fondo una
estampa del pintor
Kuniaki, mientras
que a la izquierda
del mismo cuadro
aparece un biombo
japonés.

LA STADHUIS ✦
El edificio de
la Stadhuis,
el ayuntamiento,
se levanta en la
Plaza Grande,
la más céntrica de
Amberes, dibujada
por Van Gogh en
uno de sus apuntes.

EL PUERTO ♦

En Amberes Vincent se preparó para afrontar la metrópoli, París. Trató de superar la rudeza del mundo campesino en contacto con una verdadera ciudad. Allí nacieron obras como la *Vista del puerto de Amberes* (1885, Amsterdam, Rijksmuseum Vincent van Gogh).

♦ RUBENS

Durante los tres meses que Van Gogh pasó en Amberes, tuvo ocasión de ver las obras de Pedro Pablo Rubens, maestro del siglo XVII flamenco, por el que sentía una gran admiración. Para su propia formación de artista se matriculó en la academia de arte local. A la izquierda, Pedro Pablo Rubens, *Autorretrato con su mujer Isabel Brant*, 1609-1610, Munich, Alte Pinakothek.

♦ EL ESCALDA

En el estuario de este río, a unos 90 kilómetros del mar, se encuentra el puerto de Amberes, el mayor de Bélgica y uno de los más importantes de Europa.

♦ LAS SEDES DE LOS GREMIOS

En la Plaza Grande también están las antiguas casas de los gremios: toneleros, merceros y pañeros, bastante poderosos en esta ciudad de fuerte vocación comercial.

♦ HIROSHIGE

Uno de los artistas japoneses más importantes del siglo XIX, y de los más apreciados en Occidente, fue Ando Hiroshige (1797-1858). Izquierda: *El puente de Kyoto con claro de luna*, estampa de las *Cien vistas de Edo* (1856-1858).

5. LA VIDA DE VAN GOGH ♦ *En 1882 Vincent se trasladó a La Haya, donde se dedicó a pintar y mantuvo una relación con Sien, una prostituta a la que trató de convencer para que cambiara de vida. Hubiera deseado casarse con ella, pero rompieron en 1883. Vincent pasó algún tiempo en la región de Drente, luego se dirigió a Nuenen, en el norte de Brabante, adonde se había trasladado su padre, y donde pasó dos años de intenso trabajo: cientos de cuadros y dibujos, en contacto con los campesinos del lugar, pero también lecturas y clases de piano. Incluso llegó a dar clases de pintura a varios aficionados. En marzo de 1885 murió su padre. A continuación el ambiente se enrareció. Vincent fue acusado sin fundamento de haber dejado embarazada a una campesina que le hacía de modelo. En noviembre se trasladó a Amberes, y ya no volvió a Holanda. Se alojó en una habitación que estaba sobre la tienda de un vendedor de pinturas, y visitó los museos, atraído por Rubens. Su formación se perfeccionó, leyó a Zola, descubrió las estampas japonesas (con las que adornó las paredes de su habitación) y se matriculó en la Academia de arte.* ➡️

♦ OBJETOS FAMILIARES
En los dibujos de 1885, como este (Amsterdam, Rijksmuseum Vincent van Gogh), aparecen los mismos objetos familiares.

BODEGÓN

La composición posee un conjunto aparentemente casual de objetos de uso diario: un sombrero de paja, una pipa de espuma, una botella, varios cacharros. Como veremos, son objetos que aparecen con frecuencia, acompañados o no de figuras humanas, en los cuadros de Van Gogh. Sirven para estudiar las luces y probablemente, en este caso, como ayuda para las clases de pintura que daba en esta época a un grupo de alumnos.

LA BOTELLA ♦
Naturaleza muerta con sombrero de paja, detalle. En el periodo de Nuenen Van Gogh emprendió resueltamente su larga investigación sobre el color. Los cuadros se caracterizan por el estudio de los colores en distintas condiciones de luz.

♦ LA OBRA
Naturaleza muerta con sombrero de paja, óleo sobre lienzo, 1885, 36 x 53,5 cm, Otterlo, Rijksmuseum Kröller-Müller. El cuadro fue pintado en primavera-verano de 1885, cuando el artista aún vivía en Nuenen. Aunque en la producción de este periodo prevalecen los retratos de aldeanos trabajando y los paisajes, también hay muchos apuntes de objetos y nidos de pájaros.

Durante el periodo de Nuenen (1884-1885), Van Gogh fue madurando su personalísima investigación sobre la luz y el color. Las cartas a Theo, en este periodo, están llenas de observaciones meticulosas sobre el modo de conseguir cierto color y las reacciones de los colores ante la luz. La visión de los cuadros de Rembrandt, Rubens y Frans Hals le causaron una viva impresión. En una carta

de mediados de octubre de 1885 Van Gogh se pregunta sobre el uso del negro: «¿El negro y el blanco se pueden usar o no? [...] Frans Hals emplea no uno, sino veintisiete negros». Y concluye: «El blanco y el negro tienen su significado, y es un error tratar de eliminarlos». Pero lo que más le interesa es la luz, y la gama de colores de su paleta empieza a aclararse de un modo evidente.

♦ LA PIPA
Naturaleza muerta con sombrero de paja, detalle. La pipa es una inseparable compañera de la vida de Van Gogh, y aparece a menudo en sus cuadros.

♦ UNA PINCELADA
Los dos detalles
–a la izquierda, de
*Naturaleza muerta
con sombrero de paja*,
y a la derecha, de
*Naturaleza muerta
con zuecos*– ponen
de manifiesto las
mismas pinceladas,
de un tono más claro
que el color elegido
para el objeto,
de modo que hagan
el efecto de un brillo
luminoso. Con ello
se pretende lograr
un contraste vivo
con la oscuridad
monocroma
del fondo.

♦ LA LECCIÓN
DE LOS MAESTROS
Frans Hals, junto con
Rembrandt y Rubens,
es uno de los artistas
de la tradición flamenca
más apreciados por
Van Gogh, que escribe:
«Frans Hals es
un colorista entre los
coloristas, un colorista
como el Veronés,
Rubens, Delacroix
y Velázquez. Más de
una vez se ha dicho
con justicia que Millet,
Rembrandt y, por
ejemplo, Israëls son
más bien armonistas
que coloristas».
Frans Hals, *Banquete
de los oficiales de la
guardia cívica de
San Jorge*, detalle,
1616, Harlem,
Frans Halsmuseum.

LOS ZUECOS ♦
Van Gogh se despide
de su época holandesa
con una serie
de bodegones. Esta
*Naturaleza muerta
con zuecos* (Otterlo,
Rijksmuseum
Kröller-Müller), como
la del sombrero de
paja, también es de
mediados de 1885.
Y también en este
caso el pintor hace
un estudio de las
luces y los colores.
Sobre todo, procura
indagar en las
posibilidades de
los colores oscuros.

♦ OBJETOS
Y SÍMBOLOS
En esta *Naturaleza
muerta con Biblia*
(abril de 1885,
Amsterdam,
Rijksmuseum
Vincent van Gogh)
aparecen objetos de
uso diario a los que
el autor da un
significado simbólico:
la Biblia representa
a su padre, muerto
apenas un mes antes,
mientras que el
ejemplar manoseado
de *La joie de vivre* de
Zola simboliza al
propio Vincent.

THEO VAN GOGH

De agosto de 1872 al 27 de julio de 1890 Theo van Gogh, su hermano predilecto, fue el principal interlocutor, a veces el único, de Vincent. En sus cartas el pintor le confió sus penas y sus proyectos, y expuso sus ideas al juicio, a veces crítico, de su hermano. Fue una relación exclusiva y muy fuerte, con Theo en el papel de confidente, pero también de experto en arte –durante años dirigió una galería– y generoso sufragador. Theo ejercía una profesión nueva, relacionada con el éxito de las galerías de arte que en la segunda mitad del siglo XIX se abrieron en muchas ciudades, pero sobre todo en París, rompeolas de todos los estilos y tendencias.

♦ SU HERMANO MENOR
Theo van Gogh (en una foto que se conserva en el Rijksmuseum Vincent van Gogh de Amsterdam), el tercero de cinco hermanos y hermanas, nació en Groot Zundert el 1 de mayo de 1857, de modo que tenía cuatro años menos que Vincent. En 1889 se casó con Johanna Bonger, que en 1890 le dio un hijo, Vincent. Theo murió el 25 de enero de 1891, poco después del fallecimiento de su hermano.

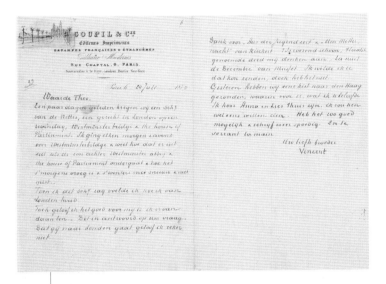

♦ QUERIDO THEO
La compleja personalidad de Vincent, sus ideas, su credo estético, encontraron el modo de explayarse en un monumental epistolario. Van Gogh escribió 821 cartas, la mayoría de ellas –668– dirigidas a Theo, como esta enviada desde Londres el 24 de julio de 1875, escrita en un papel con membrete de Goupil. A menudo el texto va acompañado de rápidos apuntes de lugares, retratos, copias o proyectos de cuadros.

BOUSSOD ♦ Y VALADON
La pequeña galería dirigida por Theo era una de las muchas que se abrieron en París en las últimas décadas del siglo XIX. Se encontraba en el número 19 del bulevar Montmartre, y era una filial de la Goupil. Justo en esa época la galería fue adquirida por los socios Boussod y Valadon.

EN LA PLANTA BAJA ♦
Las tendencias del mercado parisino, o por lo menos las de Boussod y Valadon, no tenían en cuenta las preferencias personales de Theo, gran admirador de los impresionistas. En la galería que éste dirigía tuvo que dar más espacio e importancia a los pintores tradicionales, como Bouguerau, que tenían reservada la planta baja.

6. LA VIDA DE VAN GOGH ♦ *Durante su estancia en Amberes, Van Gogh asistió a las clases de la Academia estudiando incluso por la noche, pero sus esfuerzos no evitaron que (una vez más) le consideraran «no apto» para pasar a los cursos superiores. Vincent ni siquiera se preocupó de conocer el resultado de su examen en la Academia de Amberes, y antes de que se lo notificaran viajó a París. Se presentó sin avisar el 28 de febrero de 1886, y se citó con Theo en el Louvre. En esa época, Theo estaba muy ocupado con la administración de la galería de arte, de la que había sido nombrado director, y trató inútilmente de convencer a su obstinado hermano de que lo mejor era que volviera a Brabante con su madre. Pero Vincent no atendió a razones. Su hermano, en todo caso, fue hasta el final su único verdadero sostén, económico y moral. ⟹*

♦ NOVEDADES EN EL ENTRESUELO

En el entresuelo de la galería, Theo está autorizado a recoger y proponer a sus clientes más sofisticados los cuadros de Corot, Daumier, Manet, Renoir, Monet y sobre todo Degas.

♦ EL MARCHANTE DE ARTE

Theo trabajó toda su vida –primero como empleado, luego como director– en la casa de arte Goupil, en las filiales de Bruselas, La Haya (en la foto) y por último París, en el bulevar Montmartre, 19. Theo van Gogh, buen conocedor del arte contemporáneo, fue uno de los primeros en darse cuenta del valor del trabajo de su hermano, e intentó vender sus cuadros, aunque con escaso éxito.

21

París en 1886

Cuando Vincent van Gogh llegó a París para quedarse, en 1886, el mundo artístico estaba revolucionado. La ciudad era un hervidero de iniciativas y polémicas. Los impresionistas organizaban su octava y última exposición, con la ausencia, por discrepancias, de algunas figuras destacadas del movimiento, como Renoir y Monet. Algunos pintores, como Seurat y Signac, encabezaban la corriente neoimpresionista. Protegidos por Pissarro, estos pintores –más tarde llamados divisionistas y puntillistas– eran la gran novedad de la exposición. Otros pintores también llamaban la atención del público y la crítica, como Boldini y el excéntrico Rousseau, llamado el Aduanero.

LOS IMPRESIONISTAS ✦ 1
En 1886 los pintores impresionistas ya habían ganado su batalla, despejando el camino al arte moderno.
1. Claude Monet, *Mujer con sombrilla*, detalle, 1886, París, Musée d'Orsay;
2. Edgar Degas, *La bañera*, 1886, París, Musée d'Orsay;
3. Pierre-Auguste Renoir, *Las grandes bañistas*, 1884-1887, Filadelfia, Museum of Art.

LOS DIVISIONISTAS ✦ 1
En la exposición impresionista de 1886 la verdadera novedad fueron las obras de los pintores divisionistas, también llamados puntillistas o neoimpresionistas. Seurat presentó *La Grande Jatte*, un cuadro que llamó mucho la atención.
1. Camille Pissarro, *Las espigadoras,* detalle, 1889, Basilea, Öffentliche Kunstsammlung;
2. Georges Seurat, *La Grande Jatte*, 1884-1886, Chicago Art Institute;
3. Paul Signac, *El comedor*, detalle, 1886-1887, Otterlo, Rijksmuseum Kröller-Müller.

✦ EL ESTUDIO CORMON
Uno de los lugares más frecuentados por los jóvenes artistas en París era el estudio de Fernand Cormon, pintor de cierto éxito y buen maestro. En su estudio Van Gogh conoció a Bernard, Anquetin y Toulouse-Lautrec, el primero a la izquierda en esta foto de 1886.

LAS NOVEDADES ✦ 1
Entre los artistas nuevos que se dieron a conocer en 1886 en París estaban Henri Rousseau, llamado el Aduanero (1844-1910) y el italiano Giovanni Boldini (1842-1931).
1. Giovanni Boldini, *Retrato de Giuseppe Verdi*, 1886, Roma, Galleria Nazionale d'Arte Moderna;
2. Henri Rousseau, *Tarde de carnaval*, detalle, 1886, Filadelfia, Museum of Art;
3. Henri Rousseau, *Orilla de un río,* 1886, París, colección privada.

7. LA VIDA DE VAN GOGH ✦ *Theo se llevó a su hermano a su casa de la calle Laval (hoy Victor-Massé), no lejos de la galería de arte que dirigía, en el bulevar Montmartre. En junio de 1886 los dos se trasladaron a un piso más grande de la calle Lepic. Vincent estaba firmemente decidido a sacar provecho de su experiencia parisina. Se propuso conocer a los impresionistas y visitar el taller de Cormon, uno de los estudios artísticos más conocidos de la ciudad. Theo, en cambio, tenía que aguantar los imprevisibles cambios de humor de su hermano, y escribió: «Es como si en él hubiera dos personas distintas: la primera tierna, sensible, de dotes extraordinarias; la segunda egoísta y de corazón duro». Mientras tanto, su madre se marchó de Nuenen, y con tal motivo se perdieron muchas obras de Vincent.* ⯈

LA TORRE EIFFEL

A partir de 1851 la industria y la artesanía de todo el mundo tuvieron una cita periódica en las grandes capitales de Europa y América: fueron las grandes Exposiciones Universales que se alternaron entre Londres, Nueva York y París. Grandes escaparates del arte y la industria, exhibiciones de poderío y confianza positivista en la ciencia, imágenes de una tecnología convertida en espectáculo para un público cada vez más amplio. En el París caótico y activo que acogió a Van Gogh en 1886 se estaba preparando la Exposición Universal de 1889, que debía coincidir con el centenario de la revolución francesa. La principal sorpresa, destinada a convertirse en símbolo de la ciudad, aún estaba en construcción: la Torre Eiffel empezaba a cobrar forma en el paisaje parisino.

♦ **EL INGENIERO EIFFEL** (1832-1923)
Un gran ingeniero, pero también un gran empresario: Gustave Eiffel (retratado por Viesseux, París, Musée d'Orsay) fue el prototipo de estas destacadas figuras de nuestro siglo. Especializado en grandes construcciones de metal, también proyectó la estructura de la Estatua de la Libertad de Nueva York.

UN PRODIGIO ♦ TECNOLÓGICO
Las piezas de hierro para construir la torre, fruto de un trabajo muy esmerado, se preparaban en un taller y eran montadas por equipos poco numerosos de obreros especializados.

♦ **LA TORRE TERMINADA**
Pesa unos nueve millones y medio de kilos. Consta de cuatro montantes que se juntan y ascienden hasta 300 metros de altura, con tres terrazas, restaurantes y oficinas. Las obras se terminaron a tiempo para la inauguración de la Exposición, el 31 de marzo de 1889.

♦ **UN ÉXITO DE PÚBLICO**
Durante los 173 días que duró la exposición, la torre fue visitada por 1.900.000 personas. Un sistema de cuatro escaleras, con 1.792 peldaños en total, subía hasta la última terraza. El artífice de la construcción se reservó una oficina suntuosamente decorada en lo alto de la torre, donde también había un laboratorio científico, astronómico y meteorológico.

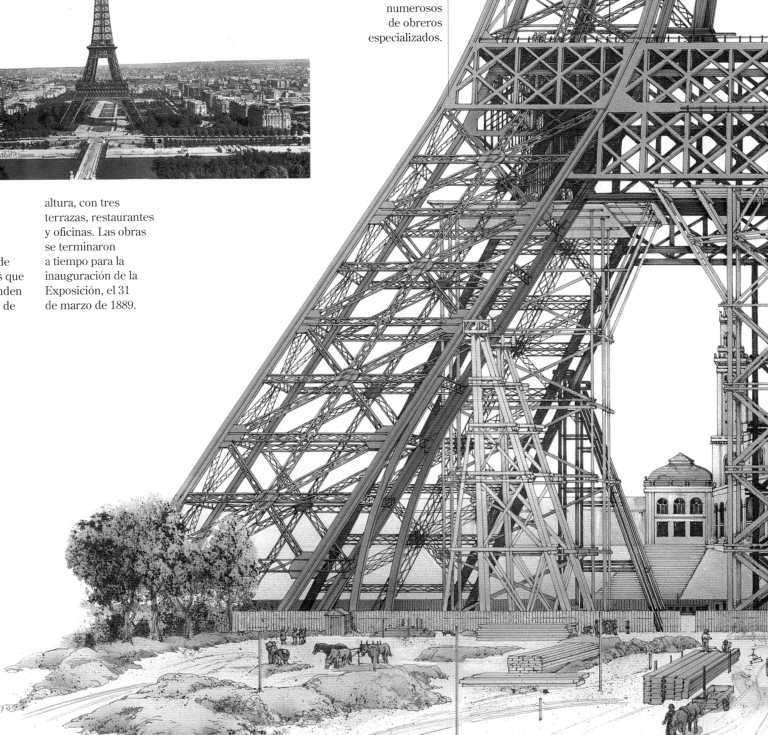

LA TORRE PINTADA ✦
Hubo muchos artistas que no compartieron las críticas de parte del mundo intelectual a la torre, y la incluyeron en sus vistas de la ciudad. Así lo hizo Rousseau el Aduanero, que en su *Autorretrato-paisaje* (detalle, 1889-1890, Praga, Národni Galerie) incluyó su estructura entre los mástiles del fondo.

LA TORRE ✦ EN LOS CARTELES
Con motivo de la inauguración de la Torre Eiffel, en 1889, se imprimieron muchos carteles. La Exposición fue un acontecimiento fastuoso y cosmopolita. Su éxito ayudó a Francia a reponerse de la dramática derrota infligida por Prusia 19 años antes.

✦ LOS MONTANTES
La torre está sostenida por cuatro montantes. En cada uno de ellos se construyó más tarde un ascensor. Dos de ellos llegan al primer piso, y los otros dos al segundo. Un quinto ascensor une el segundo y el tercer piso, movido por un émbolo con 78 metros de desplazamiento.

✦ EL TRIUNFO Y LAS CRÍTICAS
Después de la construcción de la torre, Eiffel recibe la máxima condecoración francesa, la legión de honor, mientras un nutrido grupo de escritores, artistas y músicos «protesta con todas sus fuerzas, con toda su indignación, en nombre del gusto francés despreciado» contra la edificación, en el centro de la ciudad, «de la inútil y monstruosa Torre Eiffel». En un artículo Eiffel contesta a las acusaciones, atribuyendo a la torre una belleza propia, abstracta, fruto de la razón y la ciencia, y declarándola «símbolo de la victoria del hombre sobre las dificultades impuestas por las leyes de la naturaleza».

✦ LAS ARMADURAS DE MADERA
Para poder levantar una construcción tan alta de metal hicieron falta grandes armaduras de sostén de madera. Una vez unidos los montantes a la altura del primer piso, las armaduras de madera fueron desmontadas.

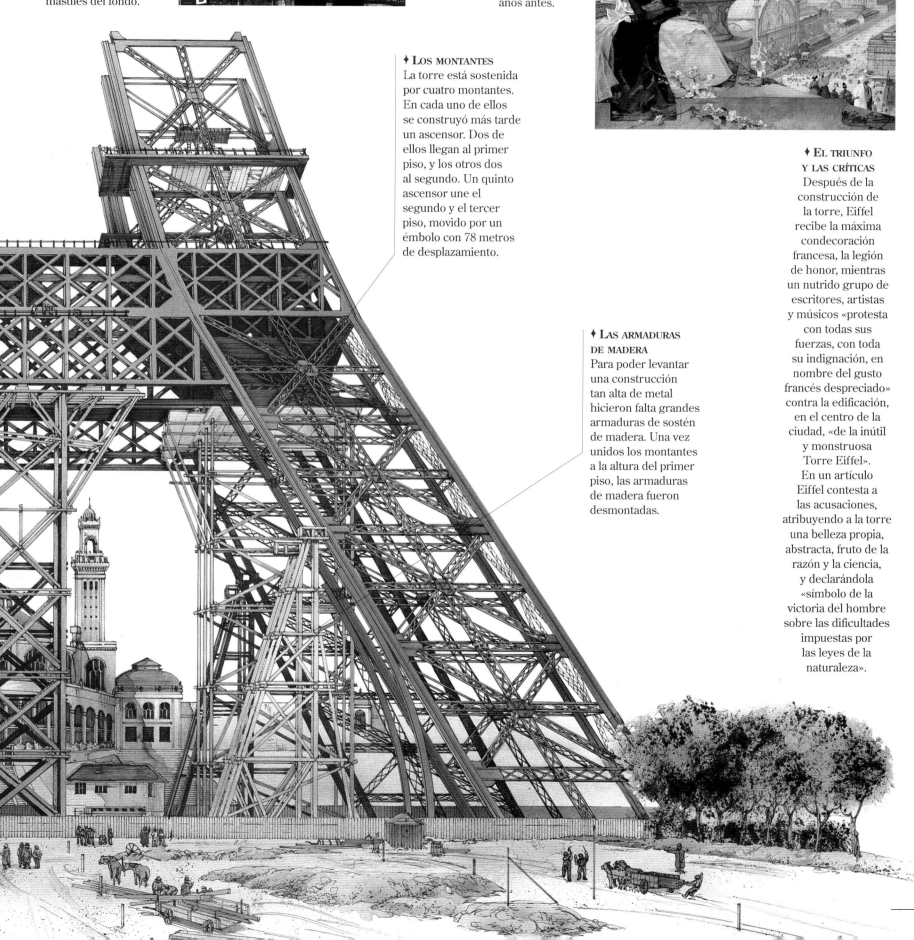

PUENTES DE ASNIÈRES

Asnières, sus puentes, el Sena, las avenidas flanqueadas de árboles, las barcas de pescadores amarradas en las orillas del río, los lugares de encuentro de esta pequeña localidad de las afueras de París, son clásicos de la pintura desde la época de Monet, Pissarro, Renoir y Caillebotte, que antes de Van Gogh ya habían buscado allí, y encontrado, un ambiente propicio para pintar al aire libre. El pintor holandés escogió para esta ocasión uno de los rincones más conocidos, un lugar donde el río está atravesado por los arcos de varios puentes, uno de ellos con la vía del tren.

✦ ASNIÈRES SEGÚN BERNARD
También Émile Bernard pintó sus

Puentes de Asnières (Nueva York, Museum of Modern Art) en el verano de 1887.

✦ LA OBRA
Puentes de Asnières, 1887, óleo sobre lienzo, 52 x 65 cm, Zurich, colección Bührle. Van Gogh pintó el cuadro el verano de 1887 en Asnières, localidad de los alrededores de París descubierta por Émile Bernard (1868-1941). Joven e inteligente, artista de notable talento amigo de Paul Gauguin, Bernard había conocido a Vincent el año anterior en las clases de pintura del estudio de Fernand Cormon. Durante su estancia en París, Vincent le acompañó muchas veces a este pueblo a orillas del Sena para pintar *en plein air*, como antes que él habían hecho los pintores del grupo impresionista. En dos años, Van Gogh hizo muchas versiones de los puentes que atravesaban el río en este lugar.

✦ FIGURAS SOLITARIAS
Arriba y bajo estas líneas, *Puentes de Asnières*, detalles.

«*Pintando en Asnières he visto más colores que todos los que había visto antes*»: estas palabras de Van Gogh expresan el sentido de su intento de acercarse al impresionismo. Con el estudio de las mismas técnicas y la elección de los mismos temas, e incluso de los mismos lugares, Vincent sigue los pasos de los pintores impresionistas. Pinta sin descanso para lograr la misma eficacia en la representación de la atmósfera y las luces mediante los colores, propia de estos pintores. Cambiando su tendencia original al realismo, Van Gogh se siente atraído por la representación de las impresiones.

✦ EN ASNIÈRES CON BERNARD
En esta foto de 1886

Van Gogh (de espaldas) y Bernard discuten junto al Sena.

♦ **UN TOQUE RÁPIDO**
En su intento de
dominar la técnica
impresionista
Van Gogh pintó
varias veces las
orillas del Sena.
En este cuadro,
*Paseo junto al río
en Asnières*
(1887, Amsterdam,
Rijksmuseum
Vincent van Gogh),
el artista procura
reflejar la atmósfera
con toques cortos y
rápidos de pincel.

♦ **TEMAS Y TÉCNICA
DE IMPRESIONISTA**
Los detalles de
Puentes de Asnières
muestran pinceladas
rápidas y cortas de
puro color, que al
juntarse producen
el efecto visual de la
realidad. La presencia
del tren permite que
un tema moderno
irrumpa en el
contexto natural.

**UN PERIODO ♦
DE ESTUDIO**
Los dos años,
de 1886 a 1888,
que pasó Van Gogh
en París, fueron
una temporada de
estudio que, gracias
a las amistades
de su hermano,
transcurrió en
estrecho contacto
con los principales
protagonistas del
arte moderno.
Vincent pintó sin
descanso, y aunque
prefería claramente
la pintura de
paisajes –y entre
los paisajes, los
de campo a las
vistas de ciudad–,
también se puso a
prueba en otros
campos, como el
bodegón (arriba,
*Naturaleza muerta
con limones*, 1887,
Amsterdam,
Rijksmuseum
Vincent van Gogh)
y el retrato (abajo,
*Retrato del
marchante de arte
Alexander Reid*,
1887, Glasgow,
Art Gallery
and Museum).
En las vistas y
los bodegones es
donde se aprecian
las mayores
novedades,
sobre todo la
elección de
colores más claros.

LOS DIVISIONISTAS

La gran novedad artística de la octava exposición parisina de los impresionistas de 1886 fueron los divisionistas o puntillistas, también conocidos como neoimpresionistas. El cuadro *La Grande Jatte* de Seurat causó sensación, y marcó el comienzo de lo que el crítico Felix Fénéon llamó postimpresionismo. El método pictórico de los divisionistas se inspiraba en las investigaciones más recientes sobre la percepción óptica, y se caracterizaba por la aplicación del color puro en puntos pequeños. El grupo llevó a sus últimas consecuencias las indagaciones sobre la visión realizadas por los impresionistas. Como decía Pissarro, había llegado el momento de la separación entre los impresionistas «románticos» y los «científicos», es decir, Seurat y Signac.

♦ **SEURAT Y EL DISCO DE CHEVREUL**
Georges Seurat frecuentaba los ambientes científicos. Los trabajos de Eugène Chevreul, publicados en 1839, tuvieron gran influencia en su formación. En particular utilizó el círculo cromático, un instrumento mediante el cual el artista puede saber de inmediato cuál es el complementario de un color, situado simétricamente en el lado opuesto del disco.

♦ **GEORGES SEURAT**
(1859-1891)
Miembro de la alta burguesía parisina, en 1872 pudo organizar su propio taller. Se dedicó con pasión al estudio de la pintura de Piero della Francesca y de los clásicos en general, así como a la lectura de los tratados científicos. Trabajador incansable, para sus grandes composiciones realizaba apuntes del natural y estudios en blanco y negro de los valores cromáticos, y después pasaba mucho tiempo en el estudio. Tenía una personalidad clara y meticulosa, y al mismo tiempo agresiva. Su corta vida terminó el 29 de marzo de 1891 debido a una enfermedad fulminante que le obligó a dejar sin terminar su última gran obra, *El circo*.

8. LA VIDA DE VAN GOGH ♦ *Con sus visitas al taller de Cormon, Van Gogh esperaba suavizar su estilo gráfico, pero en realidad el principal resultado que consiguió fue conocer a muchos artistas jóvenes, como Émile Bernard, Henri de Toulouse-Lautrec y Louis Anquetin. Gracias a su hermano Theo –que era un buen promotor de la pintura impresionista y en general de todas las novedades interesantes, en contra de la opinión de los propietarios de la galería– conoció el Olimpo impresionista, es decir, a Claude Monet, Camille Pissarro, Alfred Sisley, Pierre-Auguste Renoir, y a innovadores como Paul Signac y Georges Seurat. ⇒+*

♦ **CIENCIA Y RIGOR**
Arriba y abajo, dos detalles de un cuadro de Georges Seurat, el más riguroso de los pintores divisionistas. *La parada del circo* (1887-1888, Nueva York, Metropolitan Museum). Los puntos se disponen como una neblina que forma un halo alrededor de las figuras.

♦ EL COLOR
ES UN PUNTO
El divisionismo
o puntillismo es la
técnica de pintar
juntando pequeños
puntos (o trazos, o
líneas) de color puro
distribuidos con
pinceladas cortas.
La palabra se refiere
al uso dividido de los
colores. Hasta Seurat
los pintores habían
mezclado los colores
directamente en su
paleta. Las obras
y sus detalles
reproducidos
en estas páginas
revelan la principal
característica del
divisionismo:
los colores puros,
aplicados sobre el
lienzo y separados
materialmente entre
sí, se combinan
luminosamente en
la retina del ojo de
quien observa el
cuadro a distancia.
Lo que se obtiene,
por lo tanto, no
es una mezcla
de colores, sino la
luminosidad óptica.
Otra característica
de las pinturas
divisionistas es la
presencia de un
marco de puntos
alrededor de la
composición, que
sirve para graduar
la unión de las
tonalidades del
cuadro con la orla
o el marco. Las
indagaciones de los
puntillistas se basan
en los estudios de
óptica realizados por
algunos científicos
del siglo XIX,
entre ellos el francés
Eugène Chevreul
(1786-1889),
retratado –sobre
estas líneas– a los
cien años por el
fotógrafo Nadar.

LUCE EL IDEALISTA ♦
Sobre estas líneas y a
la derecha, *París visto
desde Montmartre*,
detalle y total (1887,
Ginebra, Musée
du Petit Palais), del
parisino Maximilien
Luce (1858-1941).
Luce se hizo
divisionista siguiendo
los pasos de Seurat
en 1886-1887. Pero
su interpretación
del método es
menos rigurosa, la
disposición de los
puntos es más libre y
su yuxtaposición
menos «científica».
Este cuadro es uno
de los pocos que el
romántico Luce,
especialmente
sensible a los
movimientos de
protesta social de su
época, no dedicó al
mundo de los obreros
y las fábricas.

BULEVAR DE CLICHY

A Van Gogh no le gustaba la ciudad, prefería el campo. Tampoco le gustaba París, que era uno de los temas principales de artistas como Pissarro, Degas y Monet. Pese a todo, en su afán de dominar las técnicas impresionistas y neoimpresionistas, pintó numerosas escenas urbanas como esta: un rincón de un bulevar con algunos transeúntes ateridos envueltos en una luz gris.

♦ **LOS DETALLES DEL BULEVAR**
Arriba y abajo, dos detalles del *Bulevar de Clichy.*

♦ **LA OBRA**
Bulevar de Clichy, 1887, óleo sobre lienzo, 46,5 x 55 cm, Amsterdam, Rijksmuseum Vincent van Gogh. El cuadro fue pintado en febrero y marzo de 1887. Van Gogh prefería los remansos del Sena en Asnières, la luz y el aire del campo, pero no renunció del todo a los temas urbanos. Esta vez se trataba de un bulevar situado a unos pasos de la casa que compartía con su hermano Theo, al pie de la colina de Montmartre. En estos casos, Van Gogh solía hacer un croquis en el lugar, indicando los principales colores para aplicarlos en la versión definitiva.

♦ **LA OTRA CARA DE MONTMARTRE**
En *Huertos en Montmartre* (1887, Amsterdam, Stedeljik Museum), Van Gogh pintó la cara campestre del barrio.

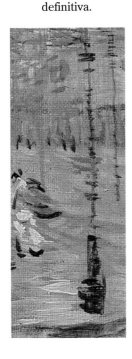

La vista de la ciudad, imagen moderna de vida diaria, es otro de los temas preferidos de la pintura impresionista. Van Gogh también probó suerte con este ejercicio, aunque en Montmartre, barrio bullicioso lleno de locales y frecuentado por los artistas, prefería el aspecto campestre, los lugares donde la ciudad terminaba y empezaban las huertas. En algunos cuadros de este periodo también son evidentes los esfuerzos del artista por dominar las técnicas divisionistas: colores puros sin mezclar, pinceladas cortas. Pero Van Gogh era demasiado individualista para aceptar la disciplina divisionista, y trató de someter la nueva técnica a sus fines expresionistas.

♦ **UN ESTUDIO**
Este apunte para el *Bulevar de Clichy* es de comienzos de 1887 (Amsterdam, Rijksmuseum Vincent van Gogh).

Como revelan estos
dos detalles del
Bulevar de Clichy,
la lección parisina ya
estaba plenamente
aprendida a principios
de 1887: unos
trazos para dar la
«impresión» de una
figura humana o de un
árbol, colores puros y
sobre todo más claros,
lejos ya de los tonos
terrosos y oscuros
de años anteriores.

♦ OTRA VEZ
ASNIÈRES
Con la llegada del
buen tiempo, Van
Gogh salió de la
ciudad para pintar
al aire libre, en el
campo. En el
verano de 1887,
en Asnières,
Van Gogh pintó
*El restaurante
La Sirène* (París,
Musée d'Orsay),
en el que se
aprecia su dominio
de las técnicas
impresionistas.

♦ EL JARRÓN
CON FLORES
Este detalle de *Interior
de un restaurante*
revela el modo en que
Van Gogh interpreta el
divisionismo de Seurat
y Signac: los puntos
se juntan con
pinceladas variadas,
y la realización es
menos meticulosa.

INTERIOR ♦
ESTILO SEURAT
El *Interior de un
restaurante* (verano
de 1887, Otterlo,
Rijksmuseum Kröller-
Müller) es el cuadro de
Van Gogh más próximo al
divisionismo de Seurat y
Signac, según los cuales
una pintura debía ser el
resultado de un trabajo
largo y paciente. Todo lo
contrario de la necesidad
de rapidez expresiva
propia de Van Gogh.

LA BELLE ÉPOQUE

En los últimos años del siglo XIX empezó una época feliz llamada Belle Époque por los parisinos. París era la ciudad del espectáculo, las diversiones y las tertulias. Los había de todas clases, y los artistas dieron fama a estos ambientes. El café concierto, y más tarde el café cantante, eran cafés restaurantes donde se escuchaba música durante la consumición. El cabaret, al principio, era una simple taberna adonde solían ir los artistas. Más tarde hubo lecturas de poesía, música y teatro de vanguardia. Las variedades, derivadas del café cantante y el *music-hall*, eran un escenario para espectáculos ligeros de música, parodias y baile. El circo también se puso muy de moda.

✦ **UN MOLINO PARA EL HOLANDÉS**
Los numerosos molinos que aún había en Montmartre a fines del siglo XIX debían de recordarle a Van Gogh su pueblo natal, y aparecen con frecuencia en sus cuadros. Éste, *El Moulin de Blute-Fin*, es del verano de 1886 (Glasgow, Art Gallery and Museum).

✦ **EL MOULIN DE LA GALETTE**
En el siglo XIX el Moulin de la Galette (a la izquierda, en una foto de la época) dejó de ser un molino de harina para convertirse en una de las más famosas y concurridas salas de baile de Montmartre. Se llamaba así por las *galettes* (tortas) que se servían habitualmente. Las aspas del viejo molino, inutilizadas, eran la divisa del local.

✦ **AGOSTINA SEGATORI**
Uno de los locales visitados por Vincent en París era el Tambourin, dirigido por su amiga Agostina Segatori, antigua modelo de Degas muy unida al grupo de amigos del pintor holandés. Vincent van Gogh, *Retrato de Agostina Segatori en el Tambourin*, 1887, Amsterdam, Rijksmuseum Vincent van Gogh.

9. LA VIDA DE VAN GOGH ✦ *En 1887 Vincent siguió viendo a sus amigos Bernard y Signac. Conoció a Agostina Segatori –italiana, ex mujer de Degas– y tuvo una relación con ella. Agostina era propietaria de un local en el bulevar de Clichy, el Tambourin, y Vincent lo decoró con estampas japonesas. Trabó amistad con Père Tanguy, comerciante de pinturas y material para artistas, viejo socialista y generoso mecenas. En su tienda de la calle Clauzel siempre se podía encontrar a algún artista de moda, exponer los propios cuadros o comer algo caliente. Pero el ambiente parisino no era del agrado de Van Gogh, que le confesó a Theo: «Quiero retirarme a algún lugar del sur para no tener que ver a tantos pintores que, como hombres, me disgustan».* ▸→

✦ **EL LOCAL**
El Moulin Rouge, a finales de siglo, era un local polivalente: café concierto, teatro y *music-hall*. El ambiente era lujoso, con mesas, pista de baile y jardines.

LAS BAILARINAS ✦
Los espectáculos del Moulin Rouge eran famosos, y contaban con las mejores bailarinas del momento. Los bailes más de moda eran el *cancán*, la *quadrille* y el *chahut*.

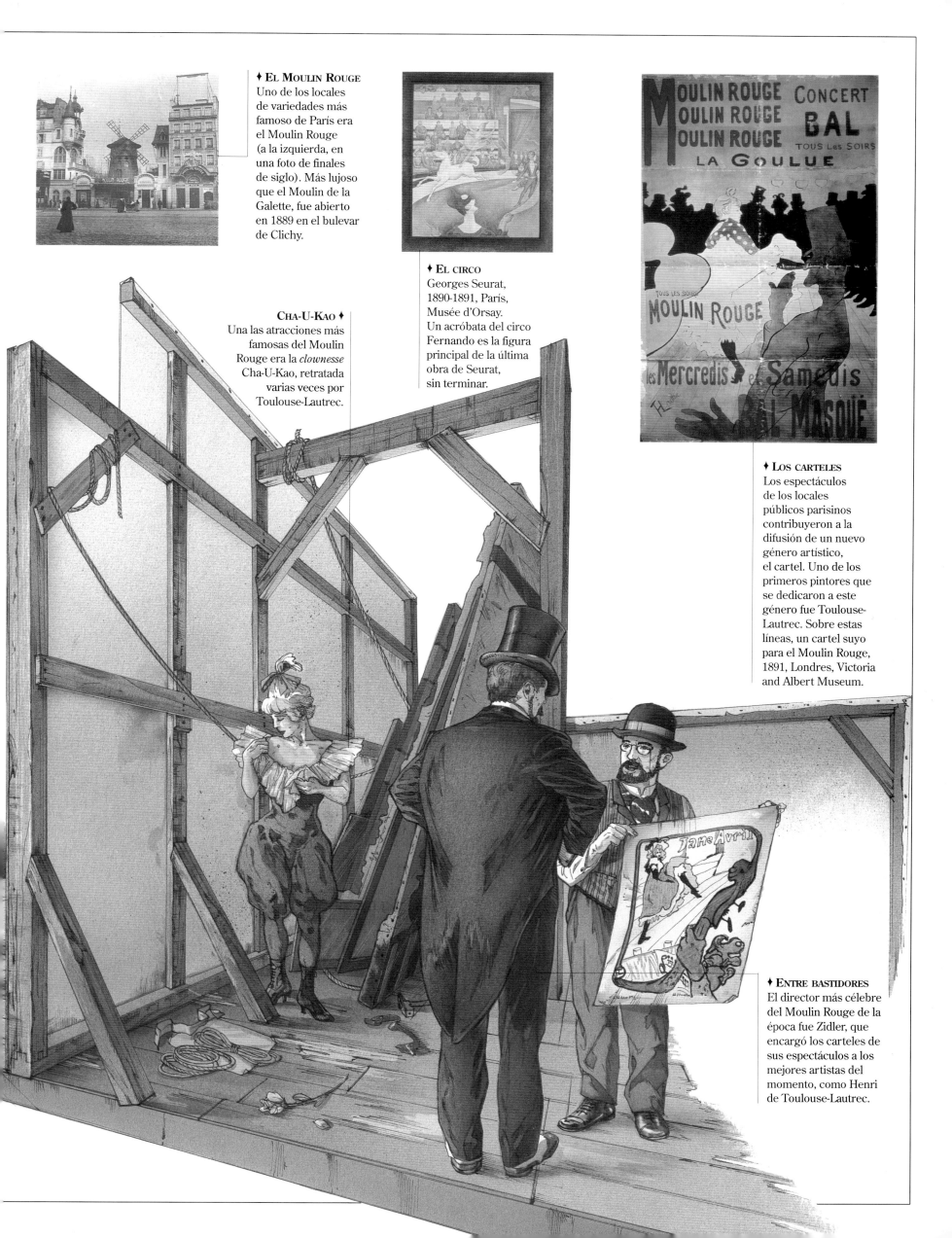

♦ **EL MOULIN ROUGE**
Uno de los locales
de variedades más
famoso de París era
el Moulin Rouge
(a la izquierda, en
una foto de finales
de siglo). Más lujoso
que el Moulin de la
Galette, fue abierto
en 1889 en el bulevar
de Clichy.

CHA-U-KAO ♦
Una las atracciones más
famosas del Moulin
Rouge era la *clownesse*
Cha-U-Kao, retratada
varias veces por
Toulouse-Lautrec.

♦ **EL CIRCO**
Georges Seurat,
1890-1891, París,
Musée d'Orsay.
Un acróbata del circo
Fernando es la figura
principal de la última
obra de Seurat,
sin terminar.

♦ **LOS CARTELES**
Los espectáculos
de los locales
públicos parisinos
contribuyeron a la
difusión de un nuevo
género artístico,
el cartel. Uno de los
primeros pintores que
se dedicaron a este
género fue Toulouse-
Lautrec. Sobre estas
líneas, un cartel suyo
para el Moulin Rouge,
1891, Londres, Victoria
and Albert Museum.

♦ **ENTRE BASTIDORES**
El director más célebre
del Moulin Rouge de la
época fue Zidler, que
encargó los carteles de
sus espectáculos a los
mejores artistas del
momento, como Henri
de Toulouse-Lautrec.

EL GRUPO DEL PETIT BOULEVARD

Durante su estancia en París, Van Gogh no frecuentó el círculo de los impresionistas más famosos, a los que llamaba «del Grand boulevard», sino un grupo más reducido –Bernard, Toulouse-Lautrec, Anquetin– al que por contraste bautizó como «del Petit boulevard». En el mundo artístico parisino estallaron polémicas, concretamente entre Bernard y el grupo de Seurat y Signac, a los que el primero acusaba de ser demasiado técnicos, científicos y fríos. Vincent, en cambio, soñaba con una comunidad de artistas armoniosa y solidaria, a ejemplo de las hermandades medievales y cercana al pueblo. Trató de organizar exposiciones en cafés y tabernas de su barrio, para conocer el gusto de la gente corriente. Fue un momento fugaz de comunión intelectual. Pronto cada cual siguió un camino distinto.

♦ **UNA EXPOSICIÓN EN EL TAMBOURIN**
Los jóvenes artistas del Petit boulevard consiguieron exponer sus cuadros gracias a la ayuda de sus amigos, que a veces les brindaron sus cafés y restaurantes. Como Agostina Segatori, la probable modelo de *La italiana* de Van Gogh (diciembre de 1887, París, Musée d'Orsay), que en la primavera de 1887 permitió que Van Gogh y sus amigos expusieran en su Tambourin.

♦ **HENRI DE TOULOUSE-LAUTREC**
En los años en que Van Gogh se reunía con el grupo del Petit boulevard, Henri de Toulouse-Lautrec (Albi 1864 - Malromé 1901) aún no era el cínico cronista del París nocturno y de los espectáculos de baile del Moulin Rouge. Víctima de un accidente que le dejó tullido, encarnaba el modelo del artista aislado y transgresor. *Carmen*, a la izquierda (1884, Sterling & Francine Clark Art Institute, Williamstown, Massachussetts), y el *Retrato de la condesa de Toulouse-Lautrec en el salón del castillo de Malromé*, junto a estas líneas (1886-87, Albi, Musée Toulouse-Lautrec), son de la época en que, con poco más de veinte años, estaba en contacto con su amigo Vincent.

10. LA VIDA DE VAN GOGH ♦ *En la tienda de pintura de Père Tanguy, donde Van Gogh veía con frecuencia a Gauguin, los jóvenes pintores de Montmartre se reunían, discutían, confrontaban sus cuadros y sus ideas, se peleaban. Vincent muchas veces llegaba, escuchaba y se marchaba sin haber abierto la boca. No soportaba las polémicas de los artistas. Le escribió a Bernard: «Si estamos convencidos de que Signac y los demás divisionistas a menudo hacen cosas buenas, en vez de criticar sin piedad estos cuadros habría que reconocerlos y hablar de ellos con respeto, de lo contrario nos transformamos en sectarios de mente estrecha». Pero su carácter también contribuyó a crear situaciones difíciles. El propio Theo le escribió a su hermana que a menudo la vida con Vincent se le hacía «insoportable». Pese a todo Vincent logró organizar pequeñas exposiciones de obras suyas y de sus amigos –el grupo del Petit boulevard– en algunos locales de Montmartre, sobre todo en el de Agostina Segatori.* ➡

♦ **LOUIS ANQUETIN**
Otro miembro del Petit boulevard fue Louis Anquetin (1861-1932). Siguiendo los pasos de Bernard, del que pintó un *Retrato* (1887, Amsterdam, Rijksmuseum Vincent van Gogh), se acercó al *cloisonnisme*.

♦ **ÉMILE BERNARD** (1868-1941)

Fue una de las mentes más inquietas del mundo artístico parisino. Pronto se alineó contra los impresionistas y divisionistas, a favor de la pintura simbolista (en la que las cosas no se representan a sí mismas, sino algo espiritual) y del *cloisonnisme*, un uso distinto del color, con amplias manchas de colores planos. *Mujeres bretonas en el prado*, a la izquierda (detalle, 1888, colección privada), es un ejemplo de su pintura de formas simplificadas, contornos marcados y colores intensos. A Van Gogh le dedicó *Autorretrato a su amigo Vincent*, junto a estas líneas (1888, Amsterdam, Rijksmuseum Vincent van Gogh).

♦ **PELEA EN EL RESTAURANT DU CHALET**

En noviembre de 1887, Van Gogh consiguió organizar una exposición del Petit boulevard en el Restaurant du Chalet, en Montmartre. Émile Bernard vendió su primer cuadro, y Vincent estaba orgulloso. Pero en un momento dado las cosas se torcieron. En las paredes del local estaban colgadas un centenar de obras de Vincent, Bernard, Lautrec y Anquetin, quizá también de Gauguin, cuando según cuenta Bernard, «esta exhibición socialista de nuestros lienzos incendiarios terminó de forma miserable. Estalló una violenta pelea entre Vincent y el dueño del local, y Vincent, ni corto ni perezoso, cogió una carretilla y se llevó toda la exposición a su estudio de la calle Lepic».

♦ LA MIRADA
Más que las señales del paso del tiempo, los autorretratos de Van Gogh conservan las huellas de un carácter cambiante, con estallidos de cólera y momentos de gran dulzura. *Autorretrato*, 1887, Otterlo, Rijksmuseum Kröller-Müller.

♦ LA OBRA
Autorretrato del caballete, 1888, óleo sobre lienzo, 65,5 x 50,5 cm, Amsterdam, Rijksmuseum Vincent van Gogh. Este cuadro, una de las últimas obras parisinas de Van Gogh, fue pintado en enero de 1888. En esta época el artista estaba atravesando una fuerte depresión. El hecho de pintar no siempre le ayudaba a superar las crisis, pero cada vez con más frecuencia, en los últimos meses, se encerraba en su estudio y escrutaba su rostro con la ayuda de un espejo, pintando docenas de autorretratos. Sobre este en concreto le escribió a su hermana Wilhelmina: «Quiero subrayar el hecho de que la misma persona puede proporcionar elementos para retratos muy distintos». En la misma carta habla de los colores utilizados: «Una paleta basada en el amarillo limón, bermellón, verde malaquita, azul cobalto, en una palabra, sólo los colores fundamentales de la paleta, excepto el naranja de la barba. La figura se recorta contra la pared gris azulada».

AUTORRETRATO DEL CABALLETE

El cuadro fue pintado en un momento crucial del arte y la vida de Van Gogh, al final del periodo parisino. El pintor, en plena depresión, se pregunta sobre sí mismo. El autorretrato es para él un modo de ahondar en su personalidad, sacando a la luz los aspectos más recónditos de su carácter.

La dificultad, a veces la imposibilidad de conseguir modelos, hacen que Van Gogh opte a menudo por el autorretrato. Sin llegar a la cantidad de su compatriota Rembrandt, también él nos ha dejado muchos testimonios de su aspecto, pero sobre todo de su estado de ánimo. Son unas cuarenta imágenes conmovedoras, a veces dramáticas, en las que la mirada –perdida o penetrante, a menudo con los ojos situados en ejes visuales distintos– es siempre el intento de un coloquio, consigo mismo y con el que mira.

♦ UN DIBUJO
Autorretrato, detalle, 1887, Amsterdam, Rijksmuseum Vincent van Gogh.

♦ EL SOMBRERO OSCURO
Este *Autorretrato* de tonos oscuros es de 1886, o quizás aún del periodo de Nuenen (Amsterdam, Rijksmuseum Vincent van Gogh).

♦ OTRA VEZ CON CABALLETE
En 1886 Van Gogh había pintado otro *Autorretrato del caballete* (Amsterdam, Rijksmuseum Vincent van Gogh). Los colores oscuros indican que es del periodo de Nuenen o de los primeros meses de su estancia en París.

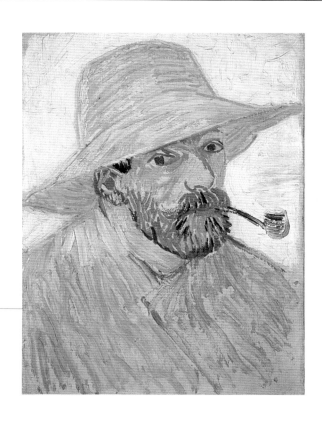

EL SOMBRERO CLARO
El *Autorretrato con sombrero de fieltro* (1887-1888, Amsterdam, Rijksmuseum Vincent van Gogh) tiene colores más claros y pincelada impresionista.

EL SOMBRERO DE PAJA
Descuidado, a veces desaliñado en el vestir, Van Gogh solía ir con sombrero y pipa, que aparecen en este *Autorretrato* pintado en Arles en 1888 (Amsterdam, Rijksmuseum Vincent van Gogh).

LA MIRADA PERDIDA
Pintado en 1889 en el manicomio de Saint-Rémy, este *Autorretrato* (París, Musée d'Orsay) muestra al pintor «pálido como un diablo», como él mismo le escribe a Theo.

MÁS QUE UNA FOTO
Autorretrato del caballete, detalle. Van Gogh le escribe a su hermana: «No es fácil retratarse, por lo menos si tiene que ser distinto que una fotografía»; la finalidad es «tratar de lograr un parecido más profundo que con la fotografía».

HERRAMIENTA DEL OFICIO
Autorretrato del caballete, detalle. Los pinceles y la paleta están embadurnados de los colores puros con los que Van Gogh ha pintado el cuadro: bermellón, azul, amarillo y verde.

LA MIRADA DE LOS DEMÁS
Muchos de sus amigos retrataron a Van Gogh, entre ellos Lautrec, Bernard, Gauguin y John Russell, autor de esta pintura (1886, Amsterdam, Rijksmuseum Vincent van Gogh).

PROVENZA, ESTUDIO DEL SUR

Mucho antes de Van Gogh los colores, la atmósfera y los paisajes de Provenza ya atraían a los pintores. Fueron sobre todo los impresionistas quienes, como aves migratorias, acudieron desde París a pasar temporadas más o menos largas en el sur. Algunos, como Renoir y Cézanne, se quedaron allí. El paisaje provenzal reunió a pintores muy distintos, pero unidos por la idea de que en pintura la indagación sobre el color era algo fundamental.

✦ **UNA REGIÓN ANTIGUA**
Provenza es una extensa región montañosa del sur de Francia, con capital en Marsella, bañada por el Mediterráneo y comprendida entre los Alpes al este y el Ródano al oeste. Antigua provincia romana, en la Edad Media conoció un gran desarrollo literario y musical con los trovadores.

LA PROVENZA ✦ DE VAN GOGH
En una carta a su hermana, Vincent explica: «Hoy mi paleta está llena de colores: azul celeste, rosa, naranja y bermellón». Una armonía que se refleja en esta *Siega en la llanura del Crau* (1888, Amsterdam, Rijksmuseum Vincent van Gogh).

✦ **SU PUENTE PREFERIDO**
Entre los muchos motivos de inspiración que encuentra en sus largos paseos por los alrededores de Arles, hay uno que aparece con frecuencia en los cuadros y dibujos de Van Gogh, el *Puente de Langlois* (abajo, una versión de marzo de 1888, Otterlo, Rijksmuseum Kröller-Müller). Una vez más, lo que atrae al artista es el parecido con los puentes de las estampas japonesas.

FRUTALES ✦
Son uno de los primeros temas a los que se dedica Van Gogh en Arles. Estos *Melocotoneros en flor. Recuerdo de Mauve* (1888, Otterlo, Rijksmuseum Kröller-Müller) recuerdan la esencia poética del arte japonés.

♦ BRAQUE
Georges Braque (1882-1963), el artista que encabezó el cubismo con Picasso, pasó una corta temporada en Provenza, entre 1906 y 1907, atraído por los colores del lugar y por la presencia de Cézanne, maestro de muchos pintores de su generación. *Paisaje de La Ciotat* (Basilea, Galerie Beyeler) fue pintado en 1906.

♦ SIGNAC
Uno de los más aficionados a las costas del sur de Francia fue el divisionista Paul Signac (1863-1935), amigo de Seurat y Van Gogh, que pasó veinte años en Saint-Tropez. *Saint-Tropez, tormenta* es un cuadro de 1895 (Saint-Tropez, Musée de l'Annonciade).

♦ CÉZANNE
Provenzal, nacido en Aix-en-Provence en 1839 y muerto en la misma ciudad en 1906, Paul Cézanne fue el gran solitario del arte de finales del siglo XIX. Vivió en un polémico exilio voluntario entre Aix y L'Estaque. Entre sus temas, *La montaña de Sainte-Victoire* (c. 1887, Londres, Courtauld Institute Galleries).

♦ GUIGOU
En Provenza había una activa escuela de pintores desde mediados del siglo XIX. Paul Guigou (1834-1871) pintó

Las colinas de Allauch junto a Marsella (1863, Marsella, Musée des Beaux-Arts), dentro de la corriente realista más tradicional.

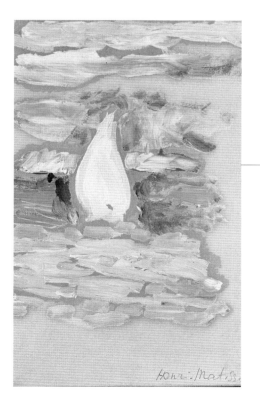

♦ MATISSE
Henri Matisse (1869-1954), uno de los principales artistas de nuestro tiempo, quedó deslumbrado por los colores del sur durante un viaje a Córcega. Luego empezó a veranear en Provenza, y en 1920 se instaló definitivamente en Niza. *Colliure* (Saint-Tropez, Musée de l'Annonciade) es de 1905.

11. LA VIDA DE VAN GOGH ♦ *Al llegar a Arles, Van Gogh le escribe a su hermano: «Me parece casi imposible ir a trabajar a París, sin tener un pequeño lugar adonde retirarte, reponerte, y recuperar la calma y la confianza en ti mismo. Sin eso acaba uno completamente idiotizado». En Arles se pone a trabajar enseguida, y le envía sus lienzos a Theo, que le mantiene con 250 francos al mes. El 1 de mayo alquila un ala de la Casa Amarilla y se instala allí con la intención de formar una comunidad de artistas, del tipo de la que se había creado en Pont-Aven, en Bretaña, alrededor del pintor Paul Gauguin.* ➤

LA TÉCNICA DE VAN GOGH

En su búsqueda pictórica, Van Gogh ensayó los estilos y las técnicas de su tiempo: primero el realismo al estilo de Millet y los tonos oscuros de su tierra de origen; luego se acercó a los tonos claros de los impresionistas, tratando de entender el secreto de esas luces, esas atmósferas, esa feliz colaboración entre el ojo y el pincel que logra plasmar en el lienzo un impulso visual. También trató de dar a su pintura una disciplina científica con el estudio de los divisionistas como Seurat. Pero al final, insatisfecho con todos estos intentos, siguió su propio camino, caracterizado por la fuerza y la velocidad de ejecución. Su técnica, ya madura, le permite experimentar en varias direcciones, desde la pintura sacada directamente del tubo y extendida en el lienzo con el propio tubo o una espátula a la pintura nocturna, al aire libre pero a la luz de una vela.

♦ **LUCES NOCTURNAS**
Vincent van Gogh, *Noche estrellada sobre el Ródano*, 1888, París, Musée d'Orsay.

♦ **CON LOS GIRASOLES**
En 1888 Paul Gauguin hizo este *Retrato de Van Gogh pintando Los girasoles* (Amsterdam, Rijksmuseum Vincent van Gogh). Los dos pintores se pelearon por culpa de este cuadro, porque Van Gogh creyó que Gauguin quería comparar su propia habilidad pintando girasoles con la de su amigo.

♦ **LOS OVILLOS DE LANA**
Van Gogh utilizaba los ovillos de lana de esta caja japonesa para estudiar los efectos de las combinaciones de colores.

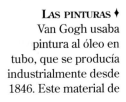

LAS PINTURAS ♦
Van Gogh usaba pintura al óleo en tubo, que se producía industrialmente desde 1846. Este material de amplia difusión y fácil empleo suplantó a las pinturas tradicionales, preparadas por el propio artista y sus ayudantes.

♦ **DE LO OSCURO A LO CLARO**
Van Gogh siempre estaba buscando una técnica que le permitiera capturar la luz. Al principio estudió y repitió efectos de luz tomados de los cuadros del pasado, luego descubrió que la luz está en el color, y aclaró gradualmente su paleta. He aquí tres etapas de este recorrido:
1. *Naturaleza muerta con botellas*, 1884-1885, Otterlo, Rijksmuseum Kröller-Müller;
2. *Naturaleza muerta con limones*, detalle, 1887, Amsterdam, Rijksmuseum Vincent van Gogh;
3. *Naturaleza muerta con mesa de dibujo*, 1889 Otterlo, Rijksmuseum Kröller-Müller.

♦ **EL CABALLETE**
Era el compañero inseparable de Van Gogh en sus sesiones de pintura al aire libre. Vincent llegó a idear un sistema para lastrarlo cuando el viento amenazaba con derribarlo.

♦ **TAMBIÉN A LA LUZ DE UNA VELA**
La técnica más madura de Van Gogh consta de pinceladas rápidas, capaces de plasmar sin interrupción en el lienzo el significado profundo de las cosas. El pintor buscaba una relación directa con sus sujetos, ya fueran personas o cosas, paisajes o árboles. Para lograr sus fines Van Gogh recurría a los más extraños inventos: para pintar la *Noche estrellada sobre el Ródano* se colocó en el sombrero de paja una peligrosa corona de velas.

La Casa Amarilla

El cuadro representa la casa que Van Gogh alquiló en Arles con la intención, entre otras cosas, de tener un sitio para albergar a sus amigos pintores formando una comunidad espiritual de trabajo. La vivienda, conocida como Casa Amarilla, estaba en la esquina de una manzana, cerca de la estación. A la derecha, la calle Montmajour llevaba a las afueras de la ciudad pasando por debajo de la vía, y a la izquierda se extendía la plaza triangular, llamada Lamartine, a la que daba la fachada. En la calle y la plaza había montones de arena.

♦ LA OBRA
La Casa Amarilla, 1888, óleo sobre lienzo, 72 x 91,5 cm, Amsterdam, Rijksmuseum Vincent van Gogh. Van Gogh pintó el cuadro en septiembre de 1888, cuando llevaba siete meses viviendo en Arles. En mayo había conseguido que le alquilaran la casa. Enseguida le escribió a Theo: «Encontrarás un rápido apunte sobre papel amarillo, un césped en la plaza que se encuentra a la entrada de la ciudad y al fondo una casa. Pues bien, hoy he alquilado el ala derecha de la casa, que tiene cuatro habitaciones, o mejor dicho dos y otros dos cuartuchos. La fachada está pintada de amarillo y por dentro está encalada, y le da el sol; [...] ahora ya puedo hablarte de mi idea de decirle a Bernard y a otros que me manden cuadros [...] por fin podré ver mis cuadros en un interior más luminoso».

♦ LA PLAZA
En este dibujo de Van Gogh vemos la plaza a la que daba la Casa Amarilla (1888, Amsterdam, Rijksmuseum Vincent van Gogh).

♦ UN PERSONAJE
Encontramos al hombre que camina por la acera delante de la casa tanto en el cuadro pintado al óleo (arriba) como en la acuarela (abajo).

Los colores de Provenza se apoderaron enseguida de la paleta de Van Gogh, con predominio del amarillo y el azul. El pintor recurría a un esquema de perspectiva ya empleado en el pasado, una especie de cuadrícula que le permitía organizar la representación con arreglo a unas líneas directrices, y dejaba vía libre al color, extendido con pinceladas espesas. El espacio está construido sobre dos diagonales. La de la derecha crea un efecto de profundidad al perderse bajo el puente del tren. La de la izquierda sigue el borde de la plaza. Los montones de tierra del primer plano contribuyen a mantener a cierta distancia el sujeto principal. Pero lo importante es el contraste de colores: «La bóveda del cielo [...] es de un azul magnífico; los rayos del sol son de un pálido amarillo azufre, y esta combinación de colores es delicada y agradable».

♦ UNA ACUARELA
Esta acuarela con el mismo tema que la pintura al óleo es de octubre de 1888 (Amsterdam, Rijksmuseum Vincent van Gogh).

♦ **LOS DETALLES**
La Casa Amarilla, detalles. Un color espeso, grueso, intenso, extendido con espátula, caracteriza el azul del cielo. Abajo, en el resplandor amarillo reflejado por las fachadas de los edificios, transcurre plácida la vida diaria: gente paseando, madres con sus hijos, los parroquianos en la mesa de un café y un tren que cierra el horizonte con una nube de humo.

♦ **ARLES Y SUS ALREDEDORES**
Van Gogh llegó a Provenza en pleno invierno y la encontró nevada. No obstante, quedó impresionado por los colores y la luz. Paseó sin descanso por la villa y sus alrededores, y sin prestar atención a las ruinas romanas siguió las orillas del Ródano, llegó al mar y a finales de junio de 1888 pintó esta *Marina con barcas de pesca* (Amsterdam, Rijksmuseum Vincent van Gogh).

♦ **LA ALTA NOTA AMARILLA**
El amarillo –la «alta nota amarilla» que el pintor dice haber encontrado– es uno de los colores más frecuentes de la paleta arlesiana de Van Gogh. Lo encontramos en las numerosas y famosísimas variantes de *Los girasoles* (arriba, la versión de 1889, Amsterdam, Rijksmuseum Vincent van Gogh) y en *Almiares junto a una alquería* (sobre estas líneas, 1888, Otterlo, Rijksmuseum Kröller-Müller).

LOS ARLESIANOS

A finales del siglo XIX, la diferencia entre una metrópoli de millones de habitantes y una tranquila villa de provincias era enorme. La distancia física, geográfica entre París y Arles se medía con un largo viaje en tren. Los modos de vida eran completamente distintos, las relaciones entre las personas estaban marcadas por los valores y los criterios de la vida campesina. Van Gogh no lo dudó ni un momento y cambió el caos parisino por la humildad y llaneza de los arlesianos –tan pronto amistosos como desconfiados–, las veladas en los cafés donde todos se conocían, y el campo provenzal a dos pasos, con su cielo y sus colores.

♦ LOS ESPOSOS ROULIN
Van Gogh conoció a la familia Roulin a mediados de agosto de 1888, y retrató varias veces a sus miembros. El cabeza de familia era el cartero Joseph Roulin, retratado a la izquierda (1889, Boston, Museum of Fine Arts). Su mujer, la señora Roulin, está retratada debajo en *La mecedora* (1889, colección privada), sujetando el cordón de una cuna.

♦ EL CAFÉ ALCÁZAR
El Alcázar, a diferencia de la Casa Amarilla –destruida durante la Segunda Guerra Mundial– aún existe. Se encuentra en la plaza Lamartine número 2. Allí se hospedó Van Gogh antes de alquilar un ala de la casa. A propósito del cuadro donde aparece, Van Gogh le escribe a Theo: «En el *Café nocturno* he tratado de expresar que el café es un sitio donde uno puede arruinarse, volverse loco, cometer crímenes. [...] He tratado de expresar algo así como la potencia de las tinieblas de un matadero».

LOS PARROQUIANOS ♦
Al final de la dura jornada de trabajo –que en Arles era sobre todo en el campo– el café era de los pocos lugares adonde se podía ir. Un lugar para beber un vaso de vino, comer un plato caliente preparado en la parte de atrás, quedarse dormido sobre una mesa.

12. LA VIDA DE VAN GOGH ♦ *Parece que el aire de Arles le sienta bien a Vincent, que le escribe a Theo: «Aquí veo cosas nuevas, estoy aprendiendo, y mi físico, tratado con un poco de delicadeza, no me niega sus servicios». Hace amistad con la gente del lugar, sobre todo con los Ginoux y el cartero Roulin. Mientras tanto pinta, y a finales de julio le envía a su hermano 35 cuadros. Gracias a la intervención de Theo y a su promesa de ayuda económica, a finales de octubre el pintor Paul Gauguin acepta por fin las insistentes invitaciones de Vincent y llega a Arles. Van Gogh, muy excitado por la llegada del que considera un maestro, le hospeda en la Casa Amarilla. Pero su relación pronto se deteriora. Las dos personalidades son incompatibles: atormentado, impetuoso y desordenado el holandés, seguro de sí mismo y meticuloso Gauguin, que entre otras cosas encuentra el ambiente de Arles demasiado provinciano.* ➤

UN BILLAR ✦
A diferencia de los cafés parisinos más de moda, los locales públicos de la soñolienta provincia francesa casi nunca contaban con el reclamo de los espectáculos. Un billar y unos naipes era todo lo que un café como el Alcázar podía brindar a sus clientes.

✦ LA ARLESIANA
Marie Ginoux, mujer del casero Joseph Ginoux, era una típica arlesiana (izquierda, *La arlesiana*, 1890, Sao Paulo, Museu de Arte). Sus rasgos mediterráneos, su vestido y su peinado provenzales también fueron retratados por Paul Gauguin.

✦ LA MUSMÉ
El cuadro (1888, Washington, National Gallery) es un retrato de una joven arlesiana, pero el título hace referencia a la protagonista de una novela de Pierre Loti que Van Gogh acababa de leer, *Madame Chrysanthème*.

✦ EL CARTERO
Vincent describe a Roulin como un hombre «de barba poblada, muy parecido a Sócrates», un viejo anarquista alegre que demostró ser un verdadero amigo.

LA HABITACIÓN DE ARLES

El propio pintor describe el tema del cuadro en una carta de 1888: «Esta vez, simplemente, mi dormitorio [...]. Las paredes son de un violeta pálido. El suelo es a cuadros rojos. La madera de la cama y las sillas son de un amarillo de mantequilla fresca; la sábana y las almohadas limón verde muy claro. La colcha, rojo escarlata. La ventana verde. El tocador naranja, la palangana azul. Las puertas lilas [...]. Los retratos en la pared, y algo de ropa».

♦ **LA OBRA**
La habitación de Arles, 1888, óleo sobre lienzo, 72 x 90 cm, Amsterdam, Rijksmuseum Vincent van Gogh. El cuadro fue pintado en octubre de 1888, como revela una carta con esa fecha que le escribió Vincent a Gauguin: «He hecho [...] un cuadro de mi habitación, con los muebles de madera blanca, como sabe. Pues bien, me ha divertido mucho hacer este interior sin nada, de una sencillez a lo Seurat. Con colores planos, aplicados someramente, sin disolver el color [...]. Mi intención era expresar el reposo absoluto a través de todos estos tonos tan distintos, entre los que sólo hay una pequeña nota de blanco en el espejo de marco negro [...]. Ya verá el cuadro junto con los demás, y hablaremos de por qué muchas veces no sé lo que hago, pues trabajo como un sonámbulo». De este cuadro (arriba y abajo, detalles) hay otras dos versiones, también al óleo sobre lienzo, más tardías, de septiembre de 1889. Se encuentran en París (Musée d'Orsay) y Chicago (Art Institute).

Van Gogh siente que con el cuadro que representa su habitación de la Casa Amarilla ha marcado un hito, un estilo propio, una técnica de la que ya está seguro. Hasta el punto de que aproximadamente un año después hace otras dos versiones. En efecto, el cuadro revela una técnica que ha superado el divisionismo y el impresionismo: colores planos, uso de la espátula para crear superficies amplias y homogéneas, uso de los colores complementarios para lograr un efecto de armonía y energía al mismo tiempo. Van Gogh ha alcanzado un grado notable de libertad en el estilo, y también en la perspectiva, como vemos en la disposición de los planos de la mesita y la silla del fondo.

♦ **LA LÍNEA DE CONTORNO**
La habitación de Arles, detalle. Van Gogh construye sus composiciones con el color –que es el encargado de comunicar sensaciones y crear armonías–, pero no renuncia a delimitar los contornos con una línea oscura.

♦ **LA PERSPECTIVA**
En el periodo de Arles, Van Gogh alterna las representaciones del espacio con perspectiva más o menos correcta, como en este caso, con un tratamiento más libre.

♦ **EL ARTE DE LAS COMBINACIONES**
Los detalles del cuadro revelan el uso consciente que hizo el artista de las propiedades de exaltación recíproca de los pares de colores complementarios: el amarillo se conjuga con el violeta, el azul con el naranja, el rojo con el verde. Todo ello para producir un efecto de armonía que persigue el artista para dar una idea del descanso: una imagen tranquilizadora de su propia vida diaria.

♦ **UN TRANQUILO INTERIOR FAMILIAR**
La habitación de Arles, detalle. La habitación de Vincent es sencilla pero ordenada, amueblada con lo más imprescindible. Entre los cuadros de las paredes se distinguen dos paisajes y dos retratos.

♦ **LAS DOS SILLAS**
En diciembre de 1888 Van Gogh pintó dos cuadros con el mismo tema: *La silla de Gauguin* (izquierda, Amsterdam, Rijksmuseum Vincent van Gogh) y *La silla con pipa* (derecha, Londres, National Gallery), que es su propia silla. Al compararlos advertimos el gran respeto que Van Gogh sentía por su amigo, a quien no osó retratar. Su silla tiene más categoría, los libros aluden a su cultura, la vela está encendida (a diferencia de la pipa de Van Gogh).

GAUGUIN

Lo mismo que Van Gogh, Gauguin fue un artista incomprendido durante mucho tiempo, comprometido en una búsqueda atormentada, una gran figura de innovador. Gauguin rompió con el impresionismo y el naturalismo e introdujo un estilo nuevo, el sintetismo. El modo imperioso con que defendió sus ideas artísticas, su fuerte personalidad, le convirtieron en el punto de referencia de un nutrido grupo de jóvenes pintores.

♦ **JARRÓN CON ESCENAS BRETONAS**
Cerámica, altura 29 cm, 1887-1888, Bruselas, Musée Royaux d'Art et Histoire.

♦ **SU VIDA**
Paul Gauguin nació en París en 1848, pero su infancia transcurrió entre Perú y las ciudades francesas de Ruán y Orleans. Fue marinero y dio la vuelta al mundo; luego encontró un empleo en París como agente de cambio. Mientras tanto, alentado por Pissarro, empezó a pintar, adoptando el estilo y las técnicas de los impresionistas. En 1883 se quedó sin trabajo y decidió dedicarse por completo a la pintura. Fue el comienzo de una vida pesarosa, marcada por la necesidad de evadirse, buscar, huir. Dejó a su mujer y a sus hijos y se trasladó primero a Bretaña, después a Panamá y Martinica, luego de nuevo a Bretaña, a Pont-Aven, a Arles con Van Gogh, de nuevo a Bretaña y por último a Tahití y las islas Marquesas. En Polinesia sintió que había encontrado el paraíso terrenal que tanto había buscado, un lugar elemental, puro, primitivo. En su caótica actividad artística, Gauguin se dedicó no sólo a la pintura, sino también a la cerámica y la literatura. Murió en las islas Marquesas en 1903.

♦ **UNA JARRA AUTORRETRATO**
Gauguin empezó a hacer cerámica en 1886. A menudo, como en este caso, se inspiró en los vasos incas que había visto en Perú durante su infancia (1889, Copenhague, Kunstindustrimuseet).

♦ **A SU AMIGO VINCENT**
Gauguin pintó este *Autorretrato (Los miserables)* (1888, Amsterdam, Rijksmuseum Vincent van Gogh) poco antes de su estancia en Arles, invitado por Vincent. El artista aparece, tal como escribe en una carta, como un «bandido mal vestido y altanero».

♦ **EL PRIMER RETRATO TAHITIANO**
Vahine no te Tiare (La mujer de la flor) es el primer retrato de mujer maorí pintado por Gauguin en Polinesia (1891, Copenhague, Ny Carlsberg Gliptothek). El estilo todavía es claramente el de su periodo europeo, sólo cambian los rasgos de la modelo.

EL SALVAJE ♦
Oviri, 1894, París, Musée d'Orsay. El título de esta cerámica, realizada en París en 1894 después de su primera estancia en Polinesia, significa «salvaje», adjetivo que Gauguin solía aplicarse a sí mismo. En las islas de los mares del sur, el artista halló la dimensión primitiva que ya buscaba en las temporadas que pasó en Bretaña. Más adelante, el arte primitivo de África y Oceanía inspiró a otros artistas, como Picasso.

Gauguin llegó a
Tahití por primera
vez en 1891, en
el mes de junio,
después de casi
tres meses de
navegación.
El dinero para el
viaje lo consiguió
subastando sus
propias obras.
Nevermore (1894,
Londres, Courtauld
Institute Galleries)
pertenece al periodo
de su decisión
definitiva de vivir en
Polinesia, y expresa
el sentido de misterio
que el artista percibe
en estos lugares
encantados.

✦ LA ESCUELA
DE PONT-AVEN
Líneas de contorno
claras, sin gradaciones,
combinación de colores
complementarios en
grandes manchas,
ninguna pretensión de
profundidad espacial,
una relación muy libre
con la realidad
representada: estos
son los principios que
inspiraron a un grupo
de pintores reunidos
en la aldea bretona
de Pont-Aven.
El abanderado del
grupo fue Gauguin
a partir de 1888, pero
también destacaron
Paul Sérusier (sobre
estas líneas, *El talismán*,
detalle, 1888, París,
Musée d'Orsay) y
Maxime Maufra
(arriba a la derecha,
*Gran paisaje de Pont-
Aven*, 1890, Quimper,
Musée des Beaux-Arts).

EL SINTETISMO ✦
Lo sagrado,
lo primitivo y el
misterio aparecen
ya en cuadros del
periodo bretón como
*La lucha entre Jacob
y el ángel* (1888,
Edimburgo, National
Gallery of Scotland).
En su estilo,
Gauguin se aleja
del realismo para
desarrollar un
proceso de
simplificación
(el sintetismo) que
prefiere trabajar
de memoria antes
que del natural,
a diferencia de Van
Gogh, que hasta en
sus pinturas más
convulsas siempre
permaneció atado
a la realidad.

LA NOCHE ESTRELLADA

El tema de esta pintura probablemente es el resultado de una fantástica superposición de elementos reales e imaginarios, provenzales y nórdicos, hasta el punto de que según algunos el pueblecito es un recuerdo holandés. Se han hecho varias interpretaciones de este cuadro: podría ser la exacta transposición pictórica, casi una fotografía, del verdadero cielo estrellado de junio de 1889, o bien, como un recuerdo de la pasión de Cristo, una representación del huerto de Getsemaní, con la naturaleza alterada por la inminencia del prendimiento de Cristo.

♦ **EL CAMPANARIO**
La noche estrellada, detalle.
En el espectáculo de la noche estrellada, el pueblecito con su iglesia, adormecido en el centro, tiene un papel claramente secundario.

♦ **LA OBRA**
La noche estrellada, junio de 1889, óleo sobre lienzo, 73,7 x 92,1 cm, Nueva York, Museum of Modern Art. En la época en que pintó este cuadro, Van Gogh –que estaba ingresado en el hospital psiquiátrico de Saint-Rémy– se sintió especialmente atraído por los cipreses: «Los cipreses me preocupan siempre. Quisiera hacer algo como los cuadros de los girasoles, porque me sorprende que nadie los haya hecho todavía como yo los veo. En cuanto a líneas y proporciones, es bello como un obelisco egipcio». Van Gogh obtuvo permiso para pasear durante el día con sus lienzos, su caballete y sus pinturas por los alrededores del hospital, y allí encontró los temas de sus cuadros: muros de piedra, lomas, pueblos, olivos y cipreses. El pueblo que aparece podría ser el propio Saint-Rémy con algunas deformaciones de las líneas (sobre todo las del campanario) para crear un ambiente nórdico.

♦ **LOS REMOLINOS DE UN DIBUJO**
En un dibujo de 1889 que se guarda en la Kusthalle de Brema, vemos con qué cuidado estudia el artista, trazo a trazo, elemento a elemento, los remolinos que forman la imagen: a menudo la inmediatez también es fruto de un trabajo previo.

♦ **LAS ESTRELLAS**
La noche estrellada, detalle. Con unas pinceladas de amarillo y blanco sobre el fondo azul oscuro, las estrellas se abren como corolas brillantes.

Durante su estancia en el hospital de Saint-Rémy, Van Gogh alterna los momentos de hiperactividad con las fases de depresión. Su modo de pintar se adapta a su nuevo estado de ánimo. Tras un periodo, el de Arles, caracterizado por el uso de colores puros, extendidos en grandes superficies, vuelven a aparecer el gris, el ocre y los colores difuminados, los mismos que el pintor ha utilizado en el periodo de Nuenen, pero esta vez con tonalidades mucho más claras. Al mismo tiempo, la energía que el color ya no transmite se traslada a la expresión gráfica: la línea tiende a arrollarse, se une en haces dinámicos y crea remolinos, subrayando los movimientos y los contornos con volutas y espirales. El resultado es una pintura menos estática que la anterior, llena de un frenesí que se aplaca en la distorsión.

♦ **EL SIMBOLISMO DE VAN GOGH**
La noche estrellada, detalle.
Según algunos críticos, la presencia de ciertos elementos en el cuadro de Van Gogh es un intento del artista por superar el puro naturalismo de la representación para comunicar mensajes más complejos, simbólicos. Desde este punto de vista, el ciprés que en este cuadro une la tierra con el cielo puede ser interpretado como un símbolo de muerte.

♦ **LOS NOCTURNOS**
Van Gogh llevaba algún
tiempo tratando de
demostrar que también
la noche está llena de
colores que hay que
captar del natural, para
evitar la trivialidad
del azul marino-negro.
Izquierda, *Exterior de
café nocturno,* total y
detalle (1888, Otterlo,
Rijksmuseum Kröller-
Müller); bajo estas
líneas, *Noche estrellada
sobre el Ródano,*
detalle (1888, París,
Musée d'Orsay).

♦ **LA LÍNEA ONDULADA**
Después de la etapa de
Arles, en el paréntesis
de Saint-Rémy, surge
un nuevo estilo en la
pintura de Van Gogh,
como se advierte
no sólo en *La noche
estrellada,* sino también
en otros cuadros del
periodo. Desaparecen
las superficies grandes
y luminosas de color
puro, y en su lugar hay largas pinceladas que
crean un movimiento
ondulado en todo
el lienzo. *Cipreses,*
a la derecha (Nueva
York, Metropolitan
Museum), y
*Les Alpilles con olivos
en primer plano,*
sobre estas líneas
(Nueva York, Whitney
Collection), son de
junio de 1889, la etapa
de Saint-Rémy.

EL MANICOMIO

Los manicomios del siglo XIX eran muy distintos unos de otros. El enfermo mental podía estar sometido a una fuerte represión, o caer en manos de voluntariosos experimentadores, y a veces también en las de extravagantes charlatanes. En 1889 Van Gogh ingresó voluntariamente en un hospital para enfermos mentales. En esos años ochenta un joven médico vienés, Sigmund Freud, futuro fundador del psicoanálisis, visitó en el hospital de la Salpêtrière de París al famoso patólogo Jean-Martin Charcot. El encuentro entre ambos fue muy importante y sentó las bases de un nuevo enfoque de la enfermedad mental. Durante mucho tiempo se había encerrado a los locos en los manicomios, a menudo parecidos a cárceles. Sólo gracias a situaciones de especial privilegio social o a encuentros afortunados con médicos comprensivos, los enfermos mentales pudieron recibir un trato más humano. Mientras en París se elaboraba una nueva teoría de la enfermedad mental, Van Gogh vivía en su manicomio en condiciones bastante aceptables.

♦ **LA EXPERIENCIA DE VAN GOGH**
El encuentro de Vincent con el manicomio fue bastante tranquilo. La elevada pensión pagada por Theo le libró de ser maltratado, y además tuvo la suerte de tropezar con médicos comprensivos. Por ejemplo, en el hospital de Arles, el doctor Félix Rey, al que retrató varias veces (aquí en una versión de 1889, Moscú, Museo Pushkin).

♦ **EL PATIO DEL HOSPITAL**
En el hospital de Arles, cuando no estaba conversando con el doctor Rey, Van Gogh se dedicaba a retratar a los pacientes y a pintar y dibujar los rincones del edificio. Vincent van Gogh, *El patio del hospital de Arles*, abril de 1889, Winterthur, Sammlung Oskar Reinhart.

♦ **FREUD**
Un joven médico vienés, Sigmund Freud, futuro padre del psicoanálisis, asiste a la lección del profesor Charcot.

13. LA VIDA DE VAN GOGH ♦ *Diciembre de 1888. La convivencia entre Gauguin y Van Gogh es imposible. La víspera de Navidad, después de una de tantas disputas, Vincent –cuenta Gauguin– se lanza sobre su amigo blandiendo una navaja de afeitar. Esa noche Vincent se corta el lóbulo de una oreja, lo envuelve como un regalo y se lo lleva a una amiga prostituta, Rachel, que está en un burdel cercano. Su amigo Roulin lo encuentra en su cama en medio de un charco de sangre. Mientras tanto, Gauguin se ha marchado. Vincent ingresa en el hospital de Arles, pero la gente se ha puesto en su contra y pide que el «loco pelirrojo» salga de la ciudad. El 8 de mayo de 1889 Van Gogh ingresa voluntariamente en el hospital psiquiátrico de Saint-Paul-de-Mausole, junto a Saint-Rémy-de-Provence. El diagnóstico del doctor Peyron, de Saint-Rémy, es de epilepsia. Su estado mental mejora: puede pintar, dibujar, hablar con otros enfermos, hasta que en julio tiene un ataque, durante el cual se traga unas pinturas.* ➡➧

**♦ LA OREJA
CORTADA**
El suceso decisivo
para el estado
mental de Van
Gogh, que marcó
su irreversible
hundimiento
psicofísico, fue
cuando se cortó la
oreja en la Navidad
de 1888, después de
una discusión con
Gauguin en la Casa
Amarilla. Su rostro
de esos días, con
la oreja vendada,
aparece en un
Autorretrato de
enero de 1889
(Londres, Courtauld
Institute Galleries).

♦ CAMISA DE FUERZA
A finales de siglo
se seguían usando
sistemas como este
para controlar a los
enfermos mentales.

**♦ LA CIENCIA
PSIQUIÁTRICA**
El doctor Rey, sin
ser un especialista,
tuvo la sensatez de
prohibir a Van Gogh
la bebida. En cambio,
el «especialista»
doctor Théophile
Peyron, médico
del hospital de
Saint-Rémy, actuó
de un modo más
extravagante.
Por ejemplo, no le
prohibió el alcohol,
pero su sistema de
curación es descrito
elocuentemente
por Van Gogh:
«El tratamiento de
los enfermos debe
de ser fácil de
seguir: no se hace
absolutamente
nada». Pero en esta
época positivista, la
técnica psiquiátrica,
el estudio de la
mente (en espera
de Freud y el
psicoanálisis) y sus
enfermedades se
conjugaban con la
antropometría, que
con las mediciones
de la capacidad
cerebral y las
deducciones a
partir de los rasgos
somáticos, se
consideraba capaz
de prevenir y
combatir incluso el
crimen, al considerar
que la locura y la
criminalidad estaban
impresas en el
aspecto de
determinados
individuos. En estos
años, el francés
Jean-Martin Charcot
(1825-1893, foto
superior) sentaba
las bases de la
neuropatología
moderna con su
enseñanza en la
Sorbona de París y,
a partir de 1882,
en el hospital de
la Salpêtrière de
esta ciudad.

**♦ CHARCOT
EN LA SALPÊTRIÈRE**
En este prestigioso
centro universitario,
creado a fines del
siglo XIX en el antiguo
manicomio femenino
donde por primera vez,
durante la revolución
francesa, se había
experimentado un
tratamiento más
humano en los
enfermos mentales,
el profesor Jean-Martin
Charcot dio sus clases
de hipnosis como
terapia de la histeria.

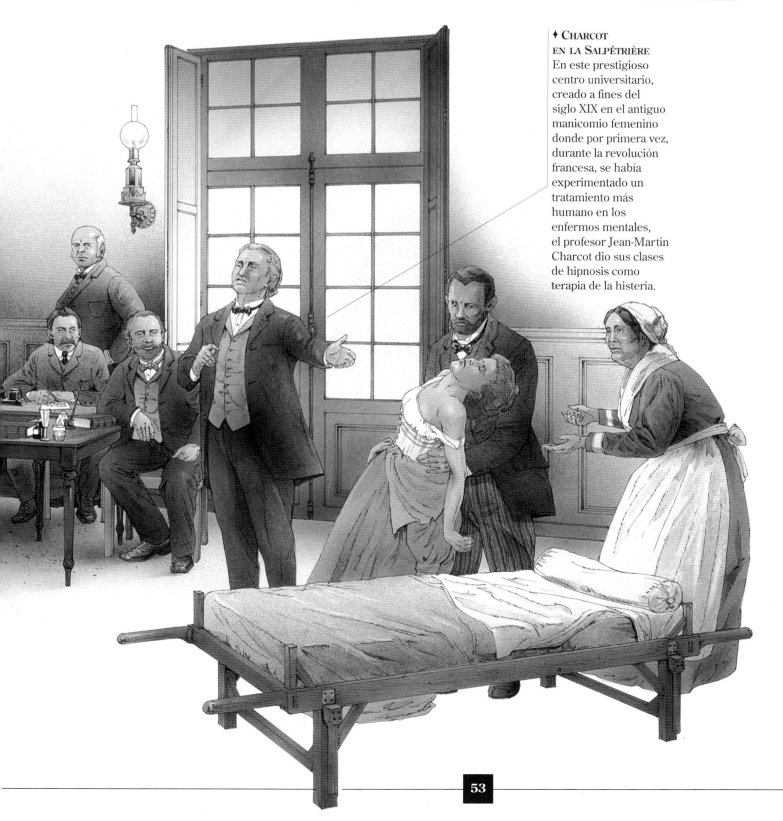

EL DOCTOR GACHET

El doctor Paul Gachet, amigo del artista y artista a su vez, cuidó de Van Gogh durante su estancia en la villa de Auvers. Van Gogh, en una carta, describe así al personaje de su retrato del médico: «Trabajo en su retrato, la cabeza con una gorra blanca, muy rubio, muy claro, las manos también con una encarnación clara, un vestido azul y un fondo azul cobalto, apoyado en una mesa roja».

✦ GACHET EN 1890
En la foto, el doctor Gachet a los 72 años, cuando conoció a Van Gogh.

✦ LA OBRA
Retrato del doctor Gachet con rama de digital, junio de 1890, óleo sobre lienzo, 68 x 57 cm, París, Musée d'Orsay. Este retrato y los demás que hizo de Gachet y de sus familiares, es fruto de uno de los numerosos encuentros que tuvo Van Gogh con el doctor entre mayo y junio de aquel año. «Nada, absolutamente nada me retiene aquí, salvo Gachet», le escribió a su hermano. «Siento que en su casa puedo trabajar bastante bien siempre que voy allí, y él seguirá invitándome a comer todos los domingos o los lunes.» Paul-Ferdinand Gachet (1828-1909) había estudiado medicina en París, pero ya en su época de estudiante se había sentido atraído por el mundo artístico, y acudía a las reuniones de pintores del grupo de Courbet. Aunque se trasladó a provincias, a Auvers, conservó una consulta médica en la capital. Socialista y republicano, fue un gran defensor de los artistas modernos, sobre todo de Cézanne y Pissarro. Él mismo era un buen dibujante y le enseñó a Van Gogh el arte del grabado.

✦ EL MUNDO DE GACHET
En Auvers, Van Gogh pasó una corta temporada de paz y trabajo tranquilo. La villa, los alrededores y sus habitantes se incorporaron a su mundo pictórico. Aquí vemos *El jardín del doctor Gachet en Auvers* (mayo de 1890, París, Musée d'Orsay).

✦ RETRATOS, NO FOTOGRAFÍAS
Van Gogh hizo varios retratos de su amigo Gachet (sobre estas líneas, *Retrato del doctor Gachet con pipa*, grabado, mayo de 1890). El programa de estos cuadros es claro: «Me gustaría hacer retratos que puedan presentarse como apariciones cien años después a los hombres de esa época. Eso trato de conseguirlo no a través del parecido fotográfico, sino a través de la expresión empática», es decir, de una profunda sintonía con el personaje retratado, para revelar su alma.

En Auvers, Van Gogh se propuso refrenar su imaginación. Los arabescos, los remolinos y las líneas de fuerza de los exaltados lienzos de Saint-Rémy desaparecieron como por ensalmo. En su lugar surgió una actitud más tranquila y reflexiva, un deseo inédito de orden y calma. El retrato de Gachet refleja su carácter melancólico, de una melancolía moderna e intelectual: la finalidad de un retrato es revelar el alma del retratado.

✦ OTRA VERSIÓN
En junio de 1890 Van Gogh hizo otra versión al óleo del retrato de Gachet (colección privada), en la que encontramos restos del estilo anterior, con pinceladas cortas que siguen las curvas de los objetos.

♦ **LA MIRADA
Y EL ALMA**
*Retrato del doctor
Gachet con rama
de digital*, detalle.
Van Gogh hace
un esfuerzo de
penetración
psicológica para
desvelar las
características
morales, el alma del
retratado. Van Gogh
le ve así, melancólico,
reflexivo, y le escribe
a su hermana:

«He encontrado un
verdadero amigo en
Gachet. Algo así
como un hermano,
nos parecemos
físicamente y también
espiritualmente, él
también es nervioso y
alocado [...] como tú
y yo. Y es más viejo y
hace algunos años
perdió a su mujer,
pero es un médico
cabal, y su fe y
vocación le permiten
salir adelante».

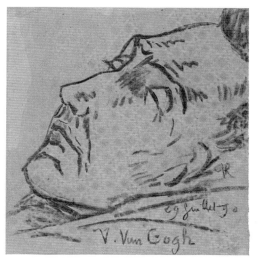

LA FLOR QUE CURA ♦
La rama de digital
que Van Gogh pinta
en la mano del doctor
Gachet no es una
elección casual: el
pintor quiso referirse
con ella a la profesión
del retratado, un
homeópata que
utilizaba la planta en
sus medicamentos.

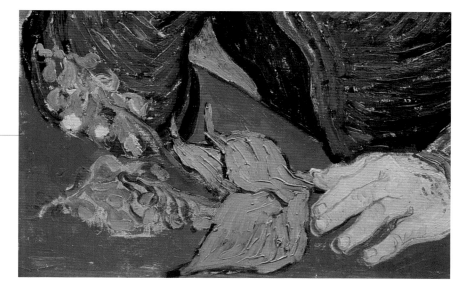

♦ **EL ÚLTIMO RETRATO**
El doctor Gachet
es autor de la última
imagen del rostro
de Van Gogh. Este
dibujo, del artista en
su lecho de muerte,
fue realizado por
su amigo médico el
29 de julio de 1890
(París, Musée
d'Orsay).

♦ **EL GACHET
DE CÉZANNE**
En 1873 el doctor
Gachet había
convencido a su
amigo Paul Cézanne
para que le
visitara en Auvers.
De esta época son
algunos cuadros y
grabados del artista.
Izquierda, Paul
Cézanne, *El doctor
Gachet en el estudio*
(1873). Derecha,
también de Cézanne,
*La casa del doctor
Gachet en Auvers*
(1873, París,
Musée d'Orsay).

ARTE Y MERCADO

Actualmente, Van Gogh es el autor de los cuadros más cotizados en las casas de subastas de medio mundo, pero sólo vendió un cuadro en toda su vida. Desde luego, fue un caso límite, ya que sus colegas se bandearon mejor, y algunos hasta se enriquecieron. Pero en la Francia de la segunda mitad del siglo XIX, para un pintor que no perteneciera al grupo de los celebrados maestros del Salón y las academias, todo eran dificultades: una vida de alquiler en condiciones precarias, llena de privaciones, y un mercado difícil, con marchantes avariciosos o desconocedores del arte. Pero de estas casas-estudio de los artistas que conoció Van Gogh durante su temporada parisina, típicas del barrio de Montmartre, en el siglo XX surgieron pintores como Picasso y Modigliani.

♦ **UNA COMIDA EN LA FONDA**
En los años ochenta del siglo pasado el sueldo medio de un empleado era de 125 francos al mes. Una comida en una fonda de Montmartre (como *La Guinguette* pintada por Van Gogh, 1886, París, Musée d'Orsay) costaba 90 céntimos, y muchas veces los pintores pagaban la cuenta con un cuadro.

♦ **LOS PRIMEROS MARCHANTES**
Mientras que los pintores del Salón podían contar con encargos públicos o en cualquier caso de alto nivel, los innovadores del grupo impresionista estuvieron a merced de marchantes y especuladores, inaugurando así el mercado moderno y libre de obras de arte.
Los primeros compradores de cuadros impresionistas fueron comerciantes, empleados y algún que otro profesional (muchos médicos, como Gachet).
Pero los primeros marchantes, para algunos pintores de Montmartre, eran tenderos o caseros que se quedaban con los cuadros en pago de alguna deuda, muchas veces sin tener la menor idea del valor de la obra que pasaba por sus manos. Entre ellos se puede citar a Eugène Murer, pastelero, al fabricante de margarina Auguste Pellerin y al colchonero Père Soulier. También había chamarileros, enmarcadores y vendedores de pinturas como Père Tanguy, amigo de Gauguin y Van Gogh. Uno de los primeros que reconocieron el valor de los nuevos artistas en Francia fue el notario frustrado Ambroise Vollard (arriba, en la foto). Vollard les compró a Boussod y Valadon por unos pocos francos los cuadros que había dejado Theo, muchos de los cuales eran de su hermano Vincent y de Gauguin.

14. LA VIDA DE VAN GOGH ♦ *Aunque el ataque que sufre Vincent en Saint-Rémy es grave, en sus cartas encontramos expresiones de extraordinaria lucidez y conciencia de lo que le rodea, incluso de su propio estado mental. Además, durante su peor momento desde el punto de vista médico, en Saint-Rémy, pinta 150 lienzos, y como escribe Bernard, «quizá nunca había pintado tan bien». En abril de 1889, en Amsterdam, Theo se casa con Johanna Bonger, hermana de un amigo suyo, con la que tendrá un hijo al que llamarán Vincent. Theo cree conveniente llevar a Vincent más cerca de París, y elige la localidad de Auvers-sur-Oise, donde vive el doctor Gachet, amigo de muchos pintores.* ⟩⟩→

♦ **LA ÚNICA VENTA**
El viñedo rojo, pintado en Arles en 1888 (Moscú, Museo Pushkin), fue el único cuadro que vendió Van Gogh en toda su vida.

♦ LAS SUBASTAS POR LAS NUBES

Los tristes comentarios de Van Gogh acerca de sus dificultades para tener éxito en el mercado del arte, su única venta, *El viñedo rojo*, comprado por la hermana de su amigo Eugène Bloch, las enormes dificultades que tuvo Theo para dar a conocer la pintura de su hermano, hacen aún más amargo el hecho de que hoy día Van Gogh sea el autor del cuadro más caro del mundo. Un *Retrato del doctor Gachet* (1890), conservado en el Metropolitan Museum de Nueva York, se subastó en esta ciudad en 1990 por 82 millones y medio de dólares. Tres años antes, en 1987, una versión de *Los Lirios* (reproducida a la izquierda, 1889, Malibú, California, Paul Getty Museum) también se subastó en Nueva York por casi 54 millones de dólares.

EL SUBASTADOR ♦

Es la figura clave de la subasta. De él depende la adjudicación, es decir, la venta de todas las piezas subastadas, señalada con un golpe de martillo en el podio de madera.

EL TABLÓN ♦

En tiempo real, un tablón anuncia al público que participa en la subasta el precio alcanzado por el objeto a la venta en las principales divisas.

♦ EL REMATANTE

El objeto subastado es adjudicado al último postor, que levanta la paleta numerada para indicar que está dispuesto a comprarlo.

LA IGLESIA DE AUVERS

Una carta de Van Gogh a su hermana Wilhelmina describe el tema de esta pintura: «Un cuadro grande de la iglesia del pueblo, con un efecto en el que el edificio parece violáceo contra el cielo de un azul profundo y simple de cobalto puro; las vidrieras parecen manchas de azul marino, el techo es violeta y en parte naranja. Por delante un poco de verde florido y arena soleada rosa».

♦ LA IGLESIA HOY
La iglesia
románico-gótica
de Notre-Dame
es la principal
de Auvers.

♦ LOS DETALLES
Arriba y abajo,
dos detalles de
La iglesia de Auvers:
el reloj del
campanario y
la decoración de
una trífora.

♦ LA OBRA
La iglesia de Auvers,
junio de 1890,
óleo sobre lienzo,
94 x 74 cm,
París, Musée
d'Orsay.
En los dos meses
que pasó en
Auvers, Van Gogh
pintó unos ochenta
cuadros, más de
uno diario. Estaba
en plena actividad,
ya no bebía y había
recuperado el
placer de pintar al
aire libre: niños,
paisajes, retratos, la
casa del pastelero
y la del pintor
Daubigny, que años
antes se había
trasladado a Auvers
desde los bosques
de Barbizon.
Vincent buscó en la
pintura una salida
para las obsesiones
que le habían
atormentado los
meses anteriores.
En este clima
surgió *La iglesia
de Auvers*, uno
de los cuadros
más famosos
y conocidos de
Van Gogh. La iglesia
es un edificio de los
siglos XII-XIII en el
que se superponen
dos estilos,
el románico
y el gótico.

♦ EL AYUNTAMIENTO
En Auvers, Van Gogh
se integró enseguida
en la vida ciudadana.
El 14 de julio,
aniversario de la
toma de la Bastilla,
acto simbólico de la
revolución francesa,
pintó el ayuntamiento
engalanado
con banderas
(detalle, 1890,
colección privada).

**♦ EL JARDÍN DE LA
CASA DE DAUBIGNY**
Un tema repetido en
la pintura de Vincent.
Daubigny era un
pintor de la escuela
de Barbizon que había
vivido en Auvers
(1890, Basilea,
Offentliche
Kunstsammlung).

*Los dos últimos meses del
arte de Van Gogh, a los
que pertenece este cuadro,
muestran un intento
de conjugar la expresión
violenta de su alma con
resultados pictóricos de
serena armonía.*

*Una contradicción que
destaca aún más la violencia
de los colores, combinada
con la gracia decorativa de
las composiciones, y refleja
el momento de profundo
contraste interior por el
que está pasando el artista.*

♦ **COLORES CLAROS, TRAZO SUELTO**
La iglesia de Auvers, detalles.
La paleta de Van Gogh en Auvers tiene más riqueza de colores que nunca. La línea de contorno sigue delimitando las formas, mientras que las pinceladas siguen las formas y los trazados.

♦ **LIBERTAD DE LA PERSPECTIVA**
La iglesia de Auvers, detalle. Muchas veces, al observar la pintura de Van Gogh, nos damos cuenta de que no respeta las reglas de la perspectiva central que se enseñan en las academias, tanto si se trata de paisajes como de edificios u objetos. Para Van Gogh, las líneas no deben construir un espacio semejante al que percibe el ojo, sino algo parecido a lo que percibe el alma.

EL TRIGO ♦ Y LOS CUERVOS
La difícil búsqueda de armonía de la etapa de Auvers a veces acaba en el caos, y la mano del pintor se deja arrastrar por vibrantes pinceladas. En el *Trigal con cuervos* (julio de 1890, Amsterdam, Rijksmuseum Vincent van Gogh) muchos han visto un vínculo entre las pinceladas convulsas y el suicidio inminente, cuyo presagio serían los pájaros negros.

♦ **UN RINCÓN DE AUVERS**
En los dos meses de estancia en Auvers, Van Gogh se sumergió en la vida del pueblo y pintó cuadros llenos de vitalidad, con colores alegres y animados por figuras humanas, como en este *Calle con escalinata en Auvers y figuras* (fines de mayo de 1890, San Luis, The Saint Louis Art Museum).

EL EXPRESIONISMO

Van Gogh no tuvo verdaderos discípulos, no creó escuela, fue un genio solitario, aislado, aunque pudo contar con el aprecio de unos pocos colegas. Pero su aportación al desarrollo posterior del arte contemporáneo fue decisiva. La influencia de sus ideas y su modo de pintar se advierte claramente en la pintura expresionista del siglo XX, de los fauves al grupo de Die Brücke, de Munch.

♦ **EL EXPRESIONISMO DE VAN GOGH**
Van Gogh prefería la expresión a la impresión, la interioridad a la representación de las sensaciones visuales. Su poder expresivo ya fue señalado en 1890 por el crítico Albert Aurier: «Toda su obra es excesiva: exceso de fuerza, nerviosismo, violencia expresiva». Precisamente por esto los expresionistas lo apreciaron. *Trigal con cuervos*, detalle, 1890, Amsterdam, Rijksmuseum Vincent van Gogh.

♦ **HENRI MATISSE**
(Le Cateau 1869 - Cimiez 1954). La búsqueda de una relación emotiva con la naturaleza caracteriza la pintura del grupo de los fauves, las «fieras», como fueron llamados en 1905 a causa de su primera y escandalosa exposición en París. Uno de sus principales representantes fue Henri Matisse. *Vista de Colliure*, 1905, San Petersburgo, Ermitage.

♦ **ANDRÉ DERAIN**
(Chatou 1880 - Garches 1954). Al grupo de los fauves también pertenecía el francés André Derain, amigo de Matisse y sobre todo de Vlaminck, y en una fase posterior seguidor de la pintura de Cézanne y teórico del cubismo. En él la furia del color puro se diluye en composiciones más tranquilas y meditadas que, sobre todo después del paréntesis de la Primera Guerra Mundial en la que tomó parte como soldado, revelan la influencia de los maestros del pasado como Caravaggio. Al observar el detalle del *Paisaje de Colliure*, pintado en 1905 y hoy conservado en Estados Unidos, en la National Gallery of Art de Washington (derecha, total y detalle), se aprecia claramente la influencia que tuvo en el estilo de André Derain la técnica expresionista, y sobre todo el estilo de Van Gogh.

15. LA VIDA DE VAN GOGH ♦ *1890 empieza con los mejores auspicios: Theo ha logrado vender por primera vez un cuadro de su hermano,* El viñedo rojo. *Parece que el traslado a Auvers y la amistad del doctor Gachet han devuelto la serenidad a Vincent. En los dos meses de su estancia en Auvers, a partir de mayo de 1890, pinta unos ochenta cuadros. Pero en el mes de julio se le ve muy afectado por las dificultades económicas de Theo. En sus cartas encontramos amargas consideraciones sobre los marchantes de arte y el cruel mecanismo que hace que un artista muerto se cotice más que uno vivo. El 27 de julio sale a pintar. Al volver por la noche les dice a los esposos Ravoux, en cuya casa se hospeda, que se ha pegado un tiro de revólver. Es atendido inmediatamente por Gachet, mientras Theo acude a toda prisa. Muere el 29, después de pasar el día fumando en pipa y hablando con su hermano. Theo morirá el 25 de enero de 1891, y sus restos serán enterrados en Auvers junto a los de Vincent.*

♦ **ERNEST LUDWIG KIRCHNER**
(Aschaffenburg 1880 - Davos 1938). Fue el animador del grupo Die Brücke, que fundó en 1905. Como los demás pintores del grupo, usa el color de un modo antinaturalista y deforma exasperadamente las figuras para obtener resultados expresivos de fuerte impacto emotivo. *Mujer en un bosque de abedules*, 1906, Madrid, Fundación Thyssen.

♦ **MAURICE DE VLAMINCK** (París 1876 - Rueil-la Gadelière 1958). Empezó a pintar en 1901 después de ver una exposición de Van Gogh. El uso arbitrario que hace de los colores puros, utilizados con fines totalmente expresivos y antinaturalistas, es evidente en *Casas y árboles* (total y detalle, 1906, Nueva York, Metropolitan Museum).

♦ **ERICH HECKEL** (Döbeln 1883 - Rudolfzell 1970). Después de estudiar arquitectura se acercó a la pintura, fascinado por la obra de Edvard Munch y Vincent van Gogh. En 1905 él y Kirchner participaron en la fundación en Dresde del grupo Die Brücke, que representa el polo figurativo del expresionismo alemán –frente al polo abstracto, formado por el grupo del Blaue Reiter–. El expresionismo de Heckel posee una fuerte carga de agresividad y, sobre todo en los años previos a la Primera Guerra Mundial, de angustia. En su pintura, como en la de los demás miembros de Die Brücke, predomina el color puro y la línea. *Mamposterías*, 1907, Madrid, Fundación Thyssen.

♦ **EMIL NOLDE** (Nolde 1867 - Seebüll 1956). Empezó a trabajar como diseñador y tallista de muebles. Luego, influido por Van Gogh, Gauguin y Munch, se dedicó a la pintura. En 1907 se incorporó al grupo Die Brücke, sensible a la fascinación de los grabados antiguos, el arte primitivo y el color de Van Gogh. *En el trigo*, 1906, Seebüll, Alemania, Fundación Nolde.

♦ **EDVARD MUNCH** (Löten 1863 - Ekely 1944). Viajó mucho por Francia, Italia y Alemania. Influido por los impresionistas, Van Gogh y Gauguin. Creador de un estilo personal donde el color construye escenas irreales, angustiosas e intensamente dramáticas. Está considerado como uno de los primeros pintores expresionistas. *Noche estrellada*, 1924-1925, Oslo, Munch Museet.

◆ SÍNTESIS CRONOLÓGICA

1853	El 30 de marzo nace en el pueblo de Groot Zundert, en Holanda, Vincent Willem van Gogh, primero de los seis hijos de Theodorus, pastor protestante del pueblo, y Anna Cornelia Carbentus.
1857	El primero de mayo nace su hermano Theo. Pronto se crea un fuerte vínculo entre él y Vincent, que marcará profundamente la vida de ambos.
1869	En agosto Vincent entra como aprendiz en la filial de La Haya de la casa de arte parisina Goupil.
1873	En enero Theo también es contratado por Goupil, pero en la filial de Bruselas. En mayo Vincent es trasladado a Londres, donde permanece dos años.
1875	Nuevo traslado a la sede central de Goupil en París. Pero Vincent descuida su trabajo: prefiere dedicarse al estudio de la Biblia.
1876	El 1 de abril Vincent se despide y justo después viaja a Inglaterra. En diciembre vuelve con sus padres, que mientras tanto se han trasladado a Etten.
1878	Vincent, que quiere ser predicador laico, se matricula en una escuela de evangelización de los alrededores de Bruselas. Al final del año se traslada a Borinage, región minera del sur de Bélgica, donde se dedica a predicar, atender a los pobres y curar a los enfermos.
1880	Vincent se establece en Bruselas, donde traba amistad con el pintor holandés Anton van Rappard. Mientras tanto, Theo ha empezado a enviarle un poco de dinero.
1885	A finales de noviembre Vincent se traslada a Amberes. Ya no volverá a Holanda. Visita los museos, lee a Zola, descubre las estampas japonesas y se matricula en la Academia de Bellas Artes, donde no le consideran apto para acceder a los cursos superiores.
1886	Vincent viaja a París, donde se reúne con Theo, que mientras tanto ha sido nombrado director de la sede central de Goupil. Empieza a frecuentar el taller de Cormon, donde conoce a Émile Bernard, Henri de Toulouse-Lautrec y Louis Anquetin.
1887	En primavera, Vincent se dirige a Asnières, no lejos de París, donde junto con su amigo Bernard pinta «al aire libre» a orillas del Sena.
1888	Harto de París, Vincent se traslada a Provenza, a Arles, donde alquila un ala de la Casa Amarilla con la intención de crear una comunidad de artistas. Se hace amigo del matrimonio Ginoux, propietario de un café, y del cartero Roulin, y pinta varios retratos de los tres. En octubre llega a Arles Paul Gauguin, que se hospeda en casa de Vincent. La víspera de Navidad, después de una de sus muchas disputas con Gauguin, van Gogh se corta una oreja y se la lleva envuelta como un regalo a una amiga prostituta de un burdel cercano. Roulin le encuentra en medio de un charco de sangre. Es ingresado en el hospital de Arles.
1889	El 8 de mayo Vincent ingresa voluntariamente en el hospital psiquiátrico de Saint-Paul-de-Mausole, cerca de Saint-Rémy. En julio sufre un ataque, durante el cual ingiere pintura.
1890	Vincent se traslada a Auvers, cerca de París, donde reside el doctor Gachet, médico y pintor aficionado, con la esperanza de que le ayude. El 27 de julio se pega un tiro con un revólver. Theo, avisado por Gachet, se reúne inmediatamente con su hermano, pero éste muere justo después, el 29 de julio.
1891	El 25 de enero, seis meses después de la muerte de Vincent, también muere Theo. Es enterrado en el cementerio de Auvers, junto a la tumba de su hermano.

◆ VAN GOGH EN LOS MUSEOS

Las obras de Van Gogh se conservan en museos de todo el mundo, de Holanda a Japón, pasando por Francia, Alemania, Rusia y Estados Unidos. Además, los coleccionistas privados poseen numerosos lienzos y dibujos, algunos muy famosos. Pero las dos colecciones más importantes pertenecen al pueblo natal del pintor, y se guardan en el Rijksmuseum Vincent van Gogh de Amsterdam y en el Rijksmuseum Kröller-Müller de Otterlo. En Amsterdam se exponen las obras que guardaron durante muchos años la mujer de Theo van Gogh, Johanna Bonger, y su hijo Vincent. Además de dibujos y lienzos, el museo conserva fotografías de familia y la abundante correspondencia que mantuvieron Vincent y Theo. Un número importante de obras del artista se conserva en otros museos holandeses, como el Stedelijk Museum también de Amsterdam, el Boymans-van Beuningen de Rotterdam y el Haag Gemeentemuseum de La Haya. A continuación citamos los museos que guardan las principales colecciones de obras de van Gogh: los de Amsterdam y Otterlo, por supuesto, y también el de Orsay de París, el Metropolitan de Nueva York y el Art Institute de Chicago.

AMSTERDAM
RIJKSMUSEUM VINCENT VAN GOGH
Son muchas las obras que se pueden admirar en este museo, que el estado holandés ha dedicado por completo a Van Gogh. Es imposible citarlas aquí todas. Entre ellas, los retratos de campesinas del periodo de Nuenen, los bodegones (como *Naturaleza muerta con limones en un plato* y *Naturaleza muerta con pan*), las vistas de París (como *Huertos de Montmartre* o *Bulevar de Clichy*) y los autorretratos. Además, *Salida de los fieles de la iglesia de Nuenen*, *La silla de Gauguin*, una versión de *Los comedores de patatas* (la otra se conserva en Otterlo), *Calavera con cigarrillo encendido*, *El puente de Langlois* y el *Trigal con cuervos*.

OTTERLO
RIJKSMUSEUM KRÖLLER-MÜLLER
También en este museo, resultado de la valiosa donación de una coleccionista holandesa, se conservan muchas obras de Van Gogh. Entre ellas los lienzos del periodo de Nuenen, como la serie de los tejedores de telar y la de las cabezas de campesinas de Brabante, así como otra versión de *Los comedores de patatas*. Además, obras del periodo parisino (como *El Moulin de la Galette, Molinos de Montmartre, Interior de restaurante*), del periodo de Arles (como *Melocotonero en flor, El puente de Langlois con lavanderas, Almiares de Provenza, El viñedo verde, Exterior de café nocturno*), del periodo de Saint-Rémy-de-Provence (como *Olivar, Paisaje con la luna saliendo*, una versión de *La arlesiana*) y del periodo de Auvers (como *Paisaje con tres árboles y casas* y *Montón de heno en un día de lluvia*).

PARÍS
MUSÉE D'ORSAY
Son más de veinte las obras de Van Gogh conservadas en el Orsay, que abarcan más o menos toda la producción del artista. Entre ellas un *Autorretrato* de 1887 y otro de 1889, la *Noche estrellada sobre el Ródano*, una versión de la *Habitación de Arles*, otra de *La arlesiana* y el lienzo de *El jardín del doctor Gachet en Auvers*.

NUEVA YORK
METROPOLITAN MUSEUM OF ART
Entre otras obras, se pueden ver aquí *Campesina pelando patatas* y *Campesina sentada ante el hornillo*, las dos pintadas en Nuenen en 1885; *Dos girasoles cortados* de 1887, *Autorretrato con sombrero de paja* del invierno de 1887-88, uno de los retratos de Madame Ginoux y un retrato del cartero Roulin, ambos pertenecientes al periodo de Arles.

CHICAGO
THE ART INSTITUTE
En este museo también se conserva un *Autorretrato* de Van Gogh, pintado en París en la primavera de 1887. Entre las otras obras cabe citar también *Naturaleza muerta con uvas, manzanas, limones y pera*, un retrato de la *Berceuse (Madame Roulin)*, una *Vista del parque de Arles* y una versión de *La habitación de Arles*.

◆ ÍNDICE DE LAS OBRAS

Las obras que se reproducen íntegramente van seguidas de la letra T;
cuando sólo se reproduce un detalle van seguidas de la letra D.

Indicamos aquí los títulos de las obras reproducidas en el interior del presente volumen, seguidos por la fecha de realización –cuando es conocida–, la técnica, las medidas y la situación, además del número de la página. La numeración progresiva que los precede se refiere a los créditos fotográficos, y remite a la correspondiente columna de la página 64. Abreviaturas: ARVG, Amsterdam, Rijksmuseum Vincent van Gogh; ORKM, Otterlo, Rijksmuseum Kröller-Müller; PMO, París, Musée d'Orsay; o/l, óleo sobre lienzo.

◆ ÍNDICE ALFABÉTICO

◆ CRÉDITOS